Verena Kast – Leben ist Beziehung

Verena Kast

Leben ist Beziehung

Vom Selbst zur Welt

Ausgewählt und herausgegeben von Christiane Neuen

Patmos Verlag

VERLAGSGRUPPE PATMOS

PATMOS
ESCHBACH
GRÜNEWALD
THORBECKE
SCHWABEN
VER SACRUM

Die Verlagsgruppe
mit Sinn für das Leben

MIX
Papier | Fördert gute Waldnutzung
FSC® C014496

Klimaneutral
Druckprodukt
ClimatePartner.com/14549-2003-1001

Die Verlagsgruppe Patmos ist sich ihrer Verantwortung gegenüber unserer Umwelt bewusst. Wir folgen dem Prinzip der Nachhaltigkeit und streben den Einklang von wirtschaftlicher Entwicklung, sozialer Sicherheit und Erhaltung unserer natürlichen Lebensgrundlagen an. Näheres zur Nachhaltigkeitsstrategie der Verlagsgruppe Patmos auf unserer Website www.verlagsgruppe-patmos.de/nachhaltig-gut-leben

Bibliografische Information der Deutschen Nationalbibliothek
Die Deutsche Nationalbibliothek verzeichnet diese Publikation in der Deutschen Nationalbibliografie; detaillierte bibliografische Daten sind im Internet über http://dnb.d-nb.de abrufbar.

Verlagsgruppe Patmos in der Schwabenverlag AG, Ostfildern
www.verlagsgruppe-patmos.de

Umschlaggestaltung: Finken & Bumiller, Stuttgart
Gestaltung, Satz und Repro: Schwabenverlag AG, Ostfildern
Druck: GGP Media GmbH, Pößneck
Hergestellt in Deutschland
ISBN 978-3-8436-1461-0

Inhalt

Vorwort der Herausgeberin

Viele Bücher, die Verena Kast in den vergangenen Jahrzehnten veröffentlicht hat, waren für zahlreiche Menschen wichtige Lebenshilfe, haben sie ermutigt, sich ihren jeweiligen Lebensthemen zu stellen, sich mit Hilfe tiefenpsychologischer Erkenntnisse selbst besser zu verstehen und nach Lösungen für ihre Probleme zu suchen.

Wenn die Lebensthemen in den Blick genommen werden, ist es nach Verena Kast wesentlich, »beidseitiges Sehen« zu lernen: Es gilt, sich nicht nur auf die Probleme und das Pathologische zu konzentrieren, sondern die Ressourcen eines Menschen wahrzunehmen. Es geht um die Gestaltungskraft, ein eigenes Leben zu entwickeln, so Kast, darum, »dass das Seelenleben, wie alles Leben, auf die Verwirklichung von Möglichkeiten, auf Selbstentfaltung, auf ein immer neu mögliches Werden hin ausgerichtet ist«[1].

Sich selbst zu entfalten, ist ein Ausdruck des Schöpferischen, das Verena Kast besonders wichtig ist. Schöpferischsein meint nicht nur schöpferisches Gestalten von Materie, z. B. beim Malen, sondern es geht um das schöpferische Gestalten des eigenen Lebens. Schöpferisch zu leben als Haltung bedeutet, offen zu sein für Neues, neugierig auf sich selbst und die Welt zu sein, sich mit Konflikten und deren Lösungsmöglichkeiten auseinanderzusetzen.[2] Mit ihrem Gesamtwerk – Zeugnis ihrer eigenen beeindruckenden Schöpfungskraft – hat Kast es in den vergangenen Jahrzehnten vielen Leserinnen und Lesern immer wieder ermöglicht, schöpferisch zu leben.

Verena Kasts Arbeit hat wesentlich dazu beigetragen, dass die Analytische Psychologie C. G. Jungs in der allgemeinen Öffentlichkeit einen größeren Bekanntheitsgrad erfahren hat und auch in Fachkreisen im Spektrum der verschiedenen tiefenpsychologischen Richtungen stärker wahrgenommen wird. Mit eigenen Forschungsansätzen hat Kast gezeigt, dass die

Emotionen der wesentliche Faktor für das Verständnis des menschlichen Erlebens und Verhaltens sind – sowohl im Bereich der Psychotherapie als auch im Alltag. Ihre Psychologie der Emotionen hat sie in einer Reihe von Büchern zu verschiedenen Emotionen – Trauer, Angst, Ärger, Hass, Neid, Eifersucht, Interesse, Freude, Hoffnung – differenziert entfaltet.[3]

Emotionen prägen auch die zwischenmenschlichen Beziehungen, wie Verena Kast herausgearbeitet hat, und so ist Beziehung bei ihr ein zentraler Begriff. Geht es bei C. G. Jung vor allem um intrapsychische Beziehungen zwischen dem Bewusstsein und dem persönlichen und kollektiven Unbewussten, um die Wirkungen des Unbewussten auf die Persönlichkeit, so weitet Verena Kast den Beziehungsaspekt auf die Ich-Du-Beziehung und die gesellschaftspolitische Ebene aus.

Im Rahmen ihrer Forschungen zu Trauerprozessen, die sie in ihrem Klassiker *Trauern. Phasen und Chancen des psychischen Prozesses*[4] veröffentlichte, entwickelte sie den Schlüsselbegriff »Beziehungsselbst«, der die Bedeutung zwischenmenschlicher Beziehung auf den Punkt bringt. »Das Beziehungsselbst«, so Kast, »ist ein Selbst, das zwischen zwei Menschen entsteht, die sich aufeinander einlassen: Es ist die Verinnerlichung der Dynamik einer gelebten, engagierten Beziehung. Dieses Beziehungsselbst wird durch die gelebte Ich-Du-Beziehung geformt, durch die Begegnung; es entsteht in der Resonanz aufeinander und auch in den täglichen Werken, in dem, was man miteinander gestaltet und aufbaut.«[5] Beim Verlust eines geliebten Menschen müssen Trauernde sich schmerzlich von diesem Beziehungsselbst lösen und auf das individuelle Selbst zurückorganisieren.

Auch bei ihrer Darstellung der Individuation als Schlüsselkonzept der Analytischen Psychologie, die in ihrem Standardwerk *Die Dynamik der Symbole. Grundlagen der Jung'schen Psychotherapie* enthalten ist, betont Verena Kast den Beziehungsaspekt. Mit Rekurs auf zentrale Aussagen von C. G. Jung arbeitet sie heraus, dass Individuation, die Selbstwerdung des Menschen, ein innerer und äußerer Beziehungsprozess ist, der nur in zwischenmenschlicher Beziehung möglich ist: »Ziel des Individuationsprozesses ist es, dass man zu dem Menschen wird, der man eigentlich ist. […] Der Individuationsprozess ist aber auch ein Beziehungsvorgang, denn, so Jung, ›die Beziehung zum Selbst ist zugleich die Beziehung zum Mitmenschen, und keiner hat einen Zusammenhang mit diesem, er habe ihn denn zuvor mit sich selbst.‹[6] Selbstwerdung darf nicht so gesehen werden, dass sie die Mitwelt ausklammert, sondern Selbstwerdung, Selbstgestaltung ist immer auch Beziehungsgestaltung.«[7]

Gesellschaftspolitische Themen nimmt Verena Kast vor allem in ihren späteren Büchern in den Blick, etwa wenn sie sich mit Vertrauen und Misstrauen auseinandersetzt, beschreibt, was Zusammenhalt gibt oder Menschen entzweit, z. B. bei Verschwörungsmythen,[8] oder wenn sie analysiert, wie der Schatten auf die Fremden projiziert wird und Hass entsteht.[9]

Die Texte dieses Buches, das zu Verena Kasts 80. Geburtstag aus ihrem umfangreichen Werk zusammengestellt wurde, umkreisen das Thema Beziehung in verschiedenen Kontexten: Bezogenheit auf ein Du, Liebe und Beziehungsphantasien, Identität, Individuation, Komplexe, therapeutische Beziehung, Schattenproblematik sowie Wege aus Angst und Hass. Dabei wird deutlich: Immer wieder geht Kast auch auf aktuelle Probleme und Konflikte auf sozialer und gesellschaftspolitischer Ebene ein, weitet sie den Blick vom Selbst zur Welt. Auch Ingrid Riedel, seit vielen Jahren Kollegin und Weggefährtin von Verena Kast, sagt über deren Werk: »Eine Psychologie, die wie Verena Kast die Emotionen als Schlüssel zum Menschen sieht, stellt auch den Beziehungsaspekt der Psychotherapie in den Vordergrund. So ist Verena Kasts Psychologie eine Psychologie der Beziehung, womit sie Jungs Psychologie, die den Beziehungsansatz implizit enthält, ihn jedoch nur wenig belichtet, in einem wesentlichen Bereich neu beleuchtet und akzentuiert.«[10]

Münster, im November 2022
Christiane Neuen

I. Bezogen auf ein Du

Resonanz: in Beziehung sein

Resonanz heißt: zurück-tönen. Töne sind Schwingungen, deshalb meint zurück-tönen auch, dass sich Schwingungen einander vermitteln, dass es dazu kommt, dass man sich gegenseitig in Schwingung versetzen kann. Etwas, das wir in der Welt wahrgenommen haben, Musik zum Beispiel, beschwingt uns, belebt uns, wir sind lebendiger als zuvor, emotionaler, schwungvoller – Erinnerungen tauchen auf, Sehnsüchte, Phantasien. Für einen Moment sind wir berührt von etwas, können uns eins fühlen mit diesem uns Berührenden. Und das gilt für alles, was wir mit den Sinnen wahrnehmen können, also für die ganze Welt: für die Mitmenschen, die Natur, Kunst, für Geschichten, Filme. Wir sind dann animiert, »beseelt«, wenn wir uns die Zeit dafür nehmen. Auch unsere Innenwelt kann einen ähnlichen Einfluss auf unser Erleben haben: Wir träumen von einer geheimnisvollen Katze. Das Traumbild beschäftigt uns. Was will denn diese geheimnisvolle Katze in unserem Seelenleben? Nachbars Katze auf dem Dach gewinnt nun plötzlich eine ganz andere Aufmerksamkeit: Natürlich ist sie nicht die Katze im Traum, aber unsere Gedanken verbinden sich mit ihr, der an sich nicht geheimnisvollen Katze. Katzen sind ein Thema, werden mit Gefühlen verbunden, mit der Phantasiewelt, der Welt der Symbole.

Ganz besonders deutlich wird uns die Bedeutung der Resonanz für unser Seelenleben in den menschlichen Beziehungen, insbesondere in den Liebesbeziehungen oder auch in lange gelebten Freundschaften. Im Zustand der Verliebtheit erleben wir wohl am ehesten, was es heißt, in Resonanz zu einem anderen Menschen zu sein, mit ihm mitzuschwingen. Alles im anderen wird wahrgenommen, ist interessant, wird von der eigenen Person beantwortet, nicht nur im Erleben, sondern auch im Ausdruck. Dieses beglückende voneinander Angesprochensein, das tiefe Mitschwingen mit einem anderen Menschen in der gleichen Emotionalität – so erlebt man es zumindest –, macht das Verliebtsein aus und gibt das Gefühl des Einsseins mit dem Anderen – und manchmal weitet sich dieses Einssein noch auf die ganz Welt aus. Man könnte dann die ganze Welt umarmen – eigentlich ein mystischer Zustand.

Da man die andere Person ja eigentlich noch nicht kennt, spielen die Vorstellungen, die Phantasien eine große Rolle. Nicht nur der andere reale Mensch in seiner ganzen Körperlichkeit zieht uns an, sondern auch die Phantasien, die wir uns von ihm oder von ihr, aber auch von unserem Zusammensein, machen und die durchaus auch wieder auf den uns faszinierenden Menschen zurückwirken. Wenn wir in einem Menschen seine besten Möglichkeiten sehen, wir einen anderen Menschen in einer großen Offenheit seiner oder ihrer möglichen Entwicklungen wahrnehmen, dann kann sich der geliebte Mensch in Resonanz darauf auch in diese Richtung entwickeln.[11] Liebe kann Menschen verwandeln. Im Zustand der Verliebtheit sind die Phantasien auf die Potentiale hin offen. Im Zuge der Entwicklung einer Beziehung kann dann die Realität des Alltags die Offenheit der idealisierenden Resonanz beeinträchtigen. Im besten Fall zu einer liebevollen, realistischeren Einschätzung, die auch den Schatten[12] des geliebten Menschen ertragen kann, im schlechteren Fall zu einer groben Verengung und damit einer Enttäuschung. Man hat sich getäuscht.

Dauert eine Beziehung zwischen zwei Menschen, die sich aufeinander eingelassen haben, an, dann entwickelt sich aus diesem ständigen In-Resonanz-Sein ein Beziehungsselbst.

Das Beziehungsselbst

Das Beziehungsselbst ist ein Selbst, das zwischen zwei Menschen entsteht, die sich aufeinander einlassen: Es ist die Verinnerlichung der Dynamik einer gelebten, engagierten Beziehung. Dieses Beziehungsselbst wird durch die gelebte Ich-Du-Beziehung geformt, durch die Begegnung; es entsteht in der Resonanz aufeinander und auch in den täglichen Werken, in dem, was man miteinander gestaltet und aufbaut. Resonanz bedeutet, dass man einander wahrnimmt, gegenseitig aufeinander einwirkt und dadurch auch immer wieder in der eigenen Identität versichert oder auch in Frage gestellt wird. Da freut sich jemand an mir oder findet mich gerade ätzend – und man muss darauf reagieren, reagiert auch emotional mit den damit verbundenen Vorstellungen und ändert entsprechend die Haltung oder das Verhalten. Oder aber man ändert es gerade nicht, leistet Widerstand, weil man spürt, dass es so sein muss. Die eigene Identität – gespiegelt im Du – wird sichtbar. Aber nicht nur gespiegelt, sondern immer auch mitbewegt, mitgeformt: »Ich werde; Ich werdend spreche ich Du. Alles wirkliche Leben ist Begegnung«[13], so Martin Buber. Am Du zum Ich werden, wenn wir es denn zulassen, immer wieder neu, wenn wir in einer begegnenden Beziehung stehen, und das heißt, wenn wir auch in Resonanz zueinander sind, wenn der andere Mensch nicht zu einem »Objekt« wird, die Beziehung nicht zu einer ausschließlichen »Ich-Es-Beziehung«, wie Buber sie nennt. In Resonanz werden wir in unserer jeweiligen Identität versichert, in unserer spezifischen Entwicklung. Damit verbunden ist eine wechselseitige Belebung von Persönlichkeitsanteilen im Verlauf der Zeit.[14] Dieses Beziehungsselbst ist immer im Werden, verändert sich mit der Zeit und mit der Beziehung. Beide Beteiligten erleben dieses Beziehungsselbst aus der je eigenen Perspektive, auch wenn es als »gemeinsam« erlebt wird. In der Begegnung mit dem Du spielen auch Projektionen eine Rolle: Alle Liebesbeziehungen, die man jemals erlebt hat, von Kindesalter an, werden auch auf dieses Du projiziert. Für Buber ist im Du auch das »absolute Du« enthalten.

Aber auch in der Liebesbeziehung, und das ist ebenfalls ein Aspekt des Beziehungsselbst, gibt es die »Ich-Es-Beziehung«: Wenn wir nicht in dieser Resonanz sind, wird das Du zu einem Es, kann aber »durch Eintritt in den Beziehungsvorgang zu einem Du werden«[15]. Es gibt die gestaltbare und gestaltete Welt aus der Beziehung heraus, mit der umgegangen werden kann und muss; Buber nennt sie die »Eswelt«[16], die sich in Raum und Zeit ereignet. Zu einem Beziehungsselbst gehören aber immer auch wieder die »Du-Momente«. »Die Du-Momente erscheinen in dieser festen und zuträglichen Chronik als wunderliche lyrisch-dramatische Episoden, von einem verführenden Zauber wohl [...].«[17]

Zum Beziehungsselbst als der gestalteten Ich-Es-Beziehung gehört der miteinander bewältigte Alltag, gehören die geteilten Interessen, Werke, die man vollbracht hat, vollbringt und noch vollbringen möchte. Diese »Werke« können Kinder sein, Unternehmungen, die wir miteinander gestaltet haben, indem wir einander angeregt, aufgeregt, herausgefordert und in der Folge etwas auch realisiert haben. In den meisten Beziehungen werden Dinge möglich, die alleine nicht möglich geworden wären – andererseits liegen auch gewisse Möglichkeiten brach. Da beide der aufeinander Bezogenen am Beziehungsselbst Anteil haben, erleben sie es, auch wenn sie es jeweils aus der eigenen Perspektive erleben, als etwas Gemeinsames: Man hat Anteil am anderen Menschen, der andere Mensch hat Anteil an einem selbst. Man hat einiges vom anderen übernommen, man hat sich auch etwas angeglichen, der Andere hat auch etwas übernommen. Man hat Anteil aneinander, und dieser Anteil verwandelt sich auch immer, wenn die Beziehung lebendig bleibt. Allerdings können auch Projektionen, Phantasien, wie man denn den Anderen sieht, über Jahre hinweg unverändert bleiben. Da nimmt man lange Zeit nicht wirklich wahr, wofür sich der Partner oder die Partnerin wirklich interessiert – man hat die eigenen Interessen projiziert –, und dieser Wahrnehmung hat der oder die andere nicht wirklich widersprochen. Erst wenn dieses Beziehungsselbst nicht mehr weiterentwickelt werden kann, etwa beim Tod eines Partners, einer Partnerin, oder aber auch bei einer Trennung, wird bewusst, was dieses Beziehungsselbst überhaupt war, aber auch, dass es zu einem Abschluss gekommen ist. Es kann mit diesem Menschen nicht mehr weiterentwickelt werden und wesentliche Aspekte der Identität, die dieses Beziehungsselbst abbilden, werden in Frage gestellt.

Zu diesem Beziehungsselbst gehören auf einer mehr unbewussten Ebene aber nicht nur Projektion und Delegation, sondern auch persönliche Eigenheiten und Entwicklungen, die durch die Beziehung ineinander geweckt und durch die gegenseitige Resonanz auseinander herausgeliebt worden sind.[18] Dieser Aspekt des Beziehungsselbst ist in der Verliebtheit begründet, in der Phase, in der man die idealen Lebensmöglichkeiten ineinander und in eine mögliche Zukunft hineinsieht – die Vision für das Beziehungsselbst. Auch wenn vieles idealisiert wird, es werden Entwicklungsmöglichkeiten erahnt, die durch die gemeinsame Beziehung teilweise realisiert werden können. Natürlich werden im Laufe der Beziehung auch Eigenheiten belebt, »herausgezwängt«, die man als weniger positiv erachtet: etwa die Frau, die ihr Vertrauen verliert, weil sie immer wieder belogen worden ist. Im Beziehungsselbst schlagen sich natürlich auch schwierige Wechselwirkungen nieder. Und natürlich gibt es auch in einer engen Beziehung Selbstanteile, die durch die Beziehung nur wenig oder nicht beeinflusst sind.

Die Resonanz, die die Basis für das Beziehungsselbst ist, zeigt sich nicht nur in zauberhaften Begegnungen, sondern auch in Gesprächen, in denen man einander wirklich etwas erzählt, in denen in Resonanz auf das Erzählte eigene Einfälle auftauchen, so dass etwas Gemeinsames entsteht. In diesen Gesprächen, die auf einer Verbundenheit über das Unbewusste beruhen, zeigt sich, wie beide jeweils die Welt erleben, wie dieses Erleben aber auch zusammenklingt.

Wenn wir einander von etwas erzählen, das begeistert, weckt das andere Erfahrungen, als wenn wir einander nur die Erfahrungen mitteilen, in denen wir zu Opfern geworden sind. In letzterem Fall wird das Beziehungsselbst zu einer Institution, in der man sich im besten Fall die Wunden leckt oder aber in Hass und Verbitterung einander beisteht. Nimmt die Ich-Es-Beziehung überhand, dann löst man im Gespräch nur noch Probleme, man spricht nicht mehr wirklich miteinander. Gespräch ereignet sich dort, wo man sich aufeinander einlässt, wo man dem Anderen davon erzählt, was einen im Moment emotional wichtig ist. Oft geht es darum, wo die Interessen sind.

Die Entwicklung eines Beziehungsselbst ist für mich ein zentrales Beispiel dafür, was im Menschen entstehen kann, wenn er oder sie sich über die Sinne, über die Sprache in Resonanz begibt zur Welt: Indem man sich auf einen anderen Menschen einlässt, werden eigene Aspekte und die eigene Identität belebt. Man hat aber auch Anteil am anderen Menschen, man weitet sich aus in den Anderen und hat gleichzeitig auch Erfahrungen der Einsamkeit, des Getrenntseins. Die Entwicklung eines Beziehungsselbst braucht zum einen eine Beziehung, die dauert, und innerhalb der Beziehung Zeit für Begegnung: nicht nur für die schönen Stunden, in denen wir in harmonischer Resonanz aufeinander reagieren, sondern auch für die Störungen. Wir ärgern uns, das heißt, in der Beziehung ist eine Störung. Nehmen wir uns die Zeit für sie. Es geht vielleicht um eine kleinere Korrektur im Zusammenleben, die Einfluss auf die Entwicklung von unserem Beziehungsselbst hat, auch wenn uns das im Moment nicht bewusst ist. Ärger heißt, dass wir uns in unseren Grenzen nicht respektiert fühlen oder dass es uns nicht erlaubt wird, unsere Grenzen auszuweiten. Das ist in nahen Partnerschaften wichtig: Gerade, weil wir so viel miteinander teilen, muss es auch möglich sein, sich selber auch treu zu bleiben, die eigene Integrität zu verteidigen. Ärgern wir uns, zeigt das, dass die eigene Integrität in Frage gestellt wird. Den Ärger anzusprechen, bevor er zu einer großen Wut wird, hilft, diese Dynamik zwischen dem eigenen Selbst und dem Beziehungsselbst, die immer stattfindet, gelegentlich bewusst zu korrigieren. Dazu braucht es Aufmerksamkeit, dafür braucht es Zeit – und es ist auch sehr hilfreich, wenn die Phantasien, die mit dieser Emotion verbunden sind, wahrgenommen und auch ausgedrückt werden. Dazu braucht es auch Empathie.

Empathie

Resonanz beruht auf Empathie, und Empathie beruht auf Resonanz. Bewusst zu fühlen, was ein anderer Mensch fühlt, nennen wir Empathie. Es gibt allerdings einen erweiterten Empathiebegriff, den ich hier verwende: Empathie meint dann, nicht nur zu fühlen, was ein anderer fühlt, sondern beinhaltet auch Mitgefühl und daraus die Intention, das Leid des Anderen zu verringern. Wir Menschen verstehen uns als empathische Wesen. Fehlende Empathie wird angemahnt. Und das zu Recht. Die Verführung, zu einem anderen Menschen nur so lange in Beziehung zu stehen, als er einem für die eigenen Pläne nützt, ist in einer Gesellschaft, die so sehr auf Konkurrenz und Effektivität aus ist, durchaus vorhanden. In Gefahr sind die Beziehungen und damit die Sicht auf den Menschen mit einer Würde; in Gefahr ist das Menschliche. Wollen wir andere Menschen nicht einfach instrumentalisieren, benützen, ausbeuten, sondern wirklich in Beziehung zu ihnen treten, und sie in ihrem jeweiligen Sosein auch würdigen, dann ist Empathie unabdingbar.

Menschen können empathisch sein. Intuitiv spüren wir, was ein anderer Mensch machen wird, wie sich ein Gespräch entwickeln wird, wie sich der Andere fühlt. Wir zucken zusammen, wenn er sich die Hand verbrennt, wir lesen Skepsis im Gesicht und im Körper eines anderen, aber auch die helle Freude. Wir können einander emotional verstehen, wir entwickeln Vorstellungen darüber, was im Geist eines anderen vorgeht, und wir können mitfühlen, wir sind empathisch. Wir haben auch die Fähigkeit, unser Mitgefühl auszudrücken. Wenn dieser Ausdruck authentisch ist, weckt dies Sympathie. Wichtig dabei ist, dass zugleich eine gewisse Distanz aufrechterhalten werden kann, man also nicht befürchten muss, dass das Ausdrücken von Mitgefühl bedeutet, dass man die Grenzen des anderen Menschen nicht respektiert. Die Fähigkeit zur Empathie ist eine große Hilfe im täglichen Umgang miteinander.[19] Wer selber wenig Einfühlung erlebt hat, hat meistens Schwierigkeiten, sich in andere Menschen einzufühlen. Dennoch: Man kann es lernen. Dazu braucht man die Entwicklung der Vorstellungskraft. Man muss sich in den anderen Menschen hineinversetzen und sich vorstellen können, dass der andere Mensch anders ist als wir selber: Er ist zwar gleich als Mensch, aber auch anders. Wenn ich mich an einer Sportart freue, muss sich der Andere nicht auch freuen, aber an irgendetwas wird er sich ebenfalls freuen.

Sich eine Vorstellung zu machen von den Absichten und Gefühlen eines anderen Menschen, ist hilfreich, und es gelingt uns auch, wenn wir uns Zeit dafür nehmen. Und es braucht in der Regel sehr wenig Zeit. Wenn Solidarität für uns ein Wert ist, wir in vertrauenswürdigen menschlichen Beziehungen leben wollen, trotz der Schnelllebigkeit, dann ist die Entwicklung von Empathie zentral wichtig. Empathie kann man auch lernen. Wenn wir zum Beispiel Geschichten über andere Menschen und ihr Schicksal lesen, tauchen wir in diese Geschichten ein. Gleichzeitig tauchen wir in unsere eigenen Vorstellungen ein, in unsere eigene Phantasiewelt, die in Resonanz zu diesen Geschichten, die wir lesen, erfahrbar wird. Wir können uns in diese handelnden Personen hineinversetzen, identifizieren uns vielleicht sogar mit ihnen, wir fühlen mit, erschrecken mit, spüren, dass sich etwas Gefährliches anbahnt, das wir zu vermeiden helfen möchten. Je mehr Geschichten wir lesend erfahren, desto mehr Perspektiven auf das menschliche Leben und auf menschliches Handeln haben wir, desto mehr Optionen für das eigene Leben, aber auch desto mehr Möglichkeiten, uns in andere einzufühlen. Kurz: Wir sind empathisch. Voraussetzung ist, dass wir Geschichten so erfahren, dass wir uns auch identifizieren können.

Vertrauensbeziehungen

Nicht nur in der kindlichen Entwicklung spielt Vertrauen eine große Rolle, sondern auch später im Leben. Was Vertrauen bedeuten kann, können wir sogenannten Vertrauensbeziehungen entnehmen. Und unter diesen ist es oft die Freundschaftsbeziehung, an der die Wirkung von gelebtem Vertrauen im Alltag gezeigt wird.

Sich zu befreunden ist eine Beziehungsform und zugleich eine Lebensform, bei der man sich fragt, welchen Menschen man freiwillig mit Wohlwollen begegnet und wie man dieses Wohlwollen auch so ausdrückt, dass es für den Freund oder die Freundin sichtbar und erlebbar wird. Vermöchte unser Wohlwollen nicht auch beim anderen Menschen Wohlwollen zu wecken, könnten wir uns nicht mit ihm oder ihr befreunden. Um sich zu befreunden, braucht es ein wechselseitiges Wohlwollen, das wir einander zeigen müssen, das wir auch voneinander annehmen müssen und das wir uns auch bis zum Ende einer Freundschaft erhalten müssen. Auf dieses Wohlwollen vertraut man – auch in die Zukunft hinein. Man kann sich gar nicht vorstellen, dass dieses Vertrauen beschädigt werden könnte.

Das Wohlwollen zeigt sich darin, dass man dem Freund, der Freundin nur das Beste wünscht, und man setzt sich auch dafür ein, dass dieses »Beste«, wenn immer möglich, erreichbar wird. Vom Freund, von der Freundin erwartet man aber auch nur das Beste, ohne es anmahnen zu müssen, sonst verliert die Freundschaft ihren emotionalen Kern. Mehr noch: Man erwartet sogar, dass er oder sie weiß, was im Moment das Beste ist – und weil man befreundet ist, artet das nicht etwa in große Anstrengung aus, man weiß es eben. Freundschaft ermöglicht es uns, unsere besten Möglichkeiten zu aktualisieren, dank der Beziehung, die auf Wohlwollen, auch auf fürsorglichen Gefühlen beruht.

Und was hat man von einer Freundschaft? Man gewinnt die Erfahrung, dass es unter den Menschen verlässlich solche gibt, die uns vertrauen und denen wir vertrauen, letztlich auch angesichts von Meinungsverschiedenheiten, Kränkungen, Enttäuschungen. Dazu kommt auch die Erfahrung, dass man sich mit diesen Menschen geborgen fühlen kann und auch angeregt und herausgefordert wird. Freunde sind immer gut für eine Inspiration für gutes Leben. Freundschaftsbeziehungen sind die Oasen im gelegentlich etwas dornigen Gestrüpp der menschlichen Beziehungen, sie sind auch ein Netz, das trägt, wenn man einmal ins Leere abzustürzen droht, etwa durch Verlusterfahrungen. Mit diesen existenziell so wichtigen Freundschaftsbeziehungen meint man natürlich nicht die Nutzfreundschaften, nicht einmal die Lustfreundschaften, auch wenn in jeder Freundschaft natürlich auch Nutzen und Lust ist, sondern man meint die »Seelenfreundschaften«, Beziehungen, in denen wir gesehen werden, in denen wir aber auch unser Innerstes zeigen können.

Die freundliche Gesinnung und das Aufgehen im anderen

Freundschaft hat auch etwas mit Freundlichkeit zu tun, aber sie ist viel mehr als Freundlichkeit. Unter Freunden ist man im Grunde genommen freundlich gesinnt, auch wenn man gerade recht unfreundlich miteinander umgeht. Freundlichkeit ist ein großes Gut. Man kann sich in einer Freundschaft auf die grundlegende Freundlichkeit verlassen, sonst kann man nicht wirklich befreundet sein.

Wenn wir empathisch sind und aus dieser Empathie heraus

fürsorglich und hilfreich, kann es leicht geschehen, dass wir uns zu sehr verausgaben, dass wir zu sehr beim anderen sind und zu wenig bei uns selbst. Wenn wir uns im anderen verlieren, gar von den belastenden Gefühlen des anderen Menschen angesteckt sind, können wir nicht mehr hilfreich sein. Gerade in der Freundschaft zeigt es sich, dass ein guter Umgang mit dem Ärger gefordert ist. Wenn wir uns ärgern, dann möchten wir, dass ein Verhalten oder eine Situation beendet wird. Wenn wir uns ärgern, geht uns ein anderer Mensch – oder eine Situation – über unsere Grenzen, wir werden gekränkt, oder aber, die Anderen erlauben uns nicht, unsere Grenzen auszuweiten, wir dürfen unseren Interessen nicht nachgehen. In beiden Situationen sagt uns der Ärger, dass wir »Stopp« rufen möchten. Der Ärger reguliert unsere Beziehung zu anderen Menschen in dem Sinne, dass zwar ein »Wir« – die Bindung – angestrebt wird, dass wir aber auch wir selbst bleiben wollen. Nur so wird die Beziehung eine von zwei eigenständigen Menschen, die aufeinander eingehen, einander auch helfen können. Gerade in guten Freundschaften zeigt es sich, dass es möglich ist, auftretenden Ärger zu benennen und die damit verbundenen Probleme zu besprechen. Dabei geht es wie immer bei Ärger darum, den Ärger am richtigen Ort, zur richtigen Zeit, in der richtigen Intensität auszudrücken. Dass das schwierig ist, hat schon Aristoteles angemerkt. Gerade wenn in unserem Leben die Idee von helfendem einander Beistehen in einem lebensdienlichen Zusammenhang einen wichtigen Wert darstellt, muss das Thema der Abgrenzung und damit auch der Umgang mit dem Ärger in seiner Wichtigkeit erkannt und geübt werden. Mit dem Ärger gut umzugehen, ist auch eine Form der Selbstsorge, des guten Sorgens für sich selbst. Natürlich ist die Selbstsorge wichtig; ideal wäre die freundschaftliche Beziehung von Menschen, die die Selbstsorge nicht vergessen.

Zur Freundschaft gehört auch, dass man die schwierigen Gefühle wahrnimmt. Und es gehört ebenso sehr zum Vertrauen, dass man auch wahrnimmt, wenn man sich ärgert, dass man wahrnimmt, wenn man jetzt enttäuscht ist und dass man darüber sprechen kann. Man akzeptiert, dass man selbst auch schwierige Seiten in die Beziehung einbringt und dass man diese schwierigen Aspekte gerne beim anderen Menschen sieht, nicht bei sich selbst. Was nicht stimmig ist, darüber muss gesprochen werden. Und darüber kann auch in einer Freundschaft gesprochen werden. Deshalb ist sie eine relativ stabile Beziehungsform, in der man viel über Vertrauen, den Zusammenhalt, den es in vertrauensvollen Beziehungen gibt, lernen kann, aber auch über Vertrauensbrüche und den Umgang damit.

Wachsendes Vertrauen

Eine Freundschaft muss wachsen: Freunde und Freundinnen sind Menschen, die uns ansprechen, die uns gefallen, auf die wir neugierig sind. Diese Neugier mündet dann in ein nachhaltiges Interesse. Sie müssen etwas mitbringen, was wir für unser Leben als Bestätigung und als Herausforderung, auf jeden Fall als Bereicherung verstehen, auf welcher menschlichen Ebene auch immer. Und dann muss man die Offenheit riskieren – einen Vertrauensvorschuss geben. Ohne Öffnung und Offenheit kann die Freundschaft nicht wachsen. Wir exponieren uns aber auch: Wird unsere Offenheit missbraucht? Dieses Risiko müssen wir eingehen, und dieses Risiko gehen wir auch ein, weil Freunde und Freundinnen unser Leben bereichern, uns herausfordern, noch brachliegende Aspekte unserer Persönlichkeit zu entwickeln, ganz besonders zu Beginn einer neuen Freundschaft.

Sich befreunden kann man sich nur mit Menschen, die sich im Laufe der Zeit als vertrauenswürdig erweisen. Bei einer Befragung nach dem Wesen der besten Freundin sagten Frauen, es sei die Freundin, bei der sich am wenigsten Vertrauensbrüche in der Beziehung ereignet hätten oder bei der diese Vertrauensbrüche auch gut wieder verarbeitet werden konnten, bei der man auch wieder Vertrauen riskieren konnte. Allerdings lösten die Vertrauensbrüche Gefühle des »Zerstörtseins« aus; die Frauen fühlten sich von der Beziehung ausgestoßen, allein, beschämt. Und erst, wenn über den Vertrauensbruch gesprochen werden konnte, fand wieder eine Annäherung statt.

Eigentlich kann man sich erst wirklich befreunden, wenn man einander vertrauen kann. Sich zu befreunden als Haltung – etwa im Gegensatz zu sich abzuschotten oder sich zu verfeinden –, heißt auch, sich zum Vertrauen zu entschließen und sich als vertrauenswürdig erweisen zu wollen. Natürlich wird man nicht einfach naiv vertrauen, aber Vertrauen ist bei Menschen, die sich befreunden, eine Kategorie im Leben, die vor dem Misstrauen kommt. Wo man vertraut, kann man sich zeigen, wie man ist, kann man über Stärken und Schwächen sprechen, ohne Neid oder Scham und Abwertung befürchten zu müssen. Ganz abgesehen davon, dass der Ort des Vertrauens auch ein Vertrautsein ermöglicht: eine gute Nähe, ein Gefühl, dass wir uns diesem Menschen auch mit unseren geheimen Regungen zeigen dürfen, dass wir uns aber auch an ihn wenden können, wenn wir in irgendeiner Weise bedürftig sind, wenn wir emotional belastende Probleme haben.

Verbundenheit mindert die Angst

Wenn wir Angst haben, wird unser Bindungssystem aktiviert. Menschen haben ein biologisch angelegtes Bindungssystem. Jedes Junge einer Spezies, auch der Spezies Mensch, wendet sich bei Gefahr einem Älteren zu, das sind dann meistens die Eltern. Und dieses Verhalten bleibt: In Gefahr wird das Bindungssystem aktiviert. In der Angst suchen wir menschliche Beziehungen: Die Angst wird weniger, wenn wir uns vertrauensvoll an einen oder mehrere Menschen wenden können.

Gerald Hüther berichtet im Zusammenhang mit Stress von einer überraschenden Untersuchung:[20] Geht bei einem in einem Käfig eingeschlossenen Affen ein Hund vorbei, reagiert der Affe mit Angst. Das kann man leicht an der Ausschüttung von Cortisol (Stresshormon) messen. Gibt man aber dem Affen einen zweiten Affen in den Käfig, dann zeigt er nur wenig Angst. Es muss allerdings ein etwas bekannter Affe sein. Diese Erfahrung lässt sich wohl auch auf Menschen übertragen.

Wir wissen: Angst wird weniger in Beziehungen. Das ist auch ein wesentlicher Grund, warum Kriseninterventionen erfolgreich sind. In einer Krisenintervention wird ein Mensch durch einen anderen Menschen, der in der Situation als kompetent und unterstützend wahrgenommen wird, entängstigt. Angst macht bekanntlich dumm, durch die Angst sind wir gelähmt. Wird nun der Mensch in der Krise auch nur etwas entängstigt, findet er oder sie wieder Zugang zu Ressourcen, hat wieder Ideen, findet damit auch wieder Hoffnung und Mut zur Angst.

Wir wissen aber auch, dass Probleme in den Beziehungen Ängste verstärken können. Fragt man Menschen, die erstmals an Panikanfällen leiden oder einen Rückfall haben, nachdem sie ihre Angstkrankheit überwunden haben, nach ihren für sie wichtigsten tragenden Beziehungen, wird meistens deutlich, dass diese sich veränderten oder sich dringend verändern müssen. Diese Erfahrung beeinträchtigt die Grundsicherheit; deshalb reagieren Menschen mit mehr Angst. Beziehungen, in denen man einander vertraut, helfen im Umgang mit der Angst. Das bedeutet aber, dass heutige Menschen, die mit mehr Angst umgehen müssen, zuverlässig sein müssen in Beziehungen, auch emotional offen, vertrauenswürdig. Es braucht vor allem auch neue emotionale Beziehungskompetenz. Statt diese Verlässlichkeit nun von den Anderen zu fordern, beginnt man besser damit, sich selbst zu einem verlässlichen Menschen zu entwickeln. Wahrscheinlich ist das ja ansteckend.

Diese verlässlichen Bindungen müssen auf Gegenseitigkeit hin gelebt werden können, müssen zu einem gegenseitigen Verbundensein führen. Aber nicht so, dass die eine Macht über den Anderen hat oder dass das eigene Leben beim anderen

Menschen abgegeben würde, sondern eine Verbundenheit, in der beide einander ermächtigen und einander daher auch die Möglichkeit geben, besser mit dem Leben umzugehen. Jeder und jede hat die Möglichkeit in sich, dem anderen Menschen das Leben zu verschönern – nicht nur zu erschweren. Vielleicht sollten wir das öfter beherzigen, die Schönheit würde auch auf uns zurückstrahlen.

2. Was die Liebe prägt: Beziehungsphantasien

In Beziehungsphantasien, die wir vor allem in Zeiten großer Verliebtheit pflegen und auskosten, wird der Partner idealisiert, idealisieren wir aber auch die Seiten in uns, die der Partner anspricht. Diese Idealisierung entspricht dem Wesen der Liebe. Sie bewirkt, dass unsere besten Möglichkeiten entbunden werden und wir uns über unser Gewordensein hinaus verändern können. Solche Phantasien liegen jeder Beziehung zugrunde, auch wenn sie uns nicht bewusst werden.

In meiner Arbeit mit Trauernden fällt mir immer wieder auf, dass die Menschen leichter in den Verlust einwilligen können, die recht klar wissen, welche Phantasien sie mit dem verstorbenen Partner in der Zeit ihrer lebendigsten Beziehung verbunden haben, die aber auch sehen, welche Aspekte ihrer Persönlichkeit dieser Partner in ihnen bevorzugt erkannt und damit auch zum Leben verleitet hat. Sie fühlen sich nicht nur beraubt, sie spüren ausdrücklich, was der Partner in ihnen belebt hat und was ihnen auch durch seinen Tod nicht genommen werden kann.

Oft ist es gerade der entscheidende Schritt in der Trauerarbeit, diese Beziehungsphantasien, die sich natürlich im Laufe eines Lebens wandeln, freizulegen, damit die Bedeutung der Beziehung für den eigenen Entwicklungsprozess und das eigene Leben sichtbar wird.

Diesen zunächst idealisierenden Beziehungsphantasien liegen die mythologischen Bilder der heiligen Hochzeit zugrunde – wie sie Shiva und Shakti, Ishtar und Tammuz, Zeus und Hera miteinander feiern –, in der die Vereinigung von Himmel und Erde dargestellt wird, um den Ursprung allen Lebens zu bewirken und die Fruchtbarkeit des Lebens zu erhalten.

An der Fähre zum anderen Ufer

Die Bilderfolge eines Traums kann eine Vorstellung davon geben, wie eine Beziehungsphantasie aussehen kann:

»Ich verließ unsere bergige Landschaft und wanderte hinaus, einen Fluss entlang. Ich fühlte mich allein und auch frei, aber das Gefühl der Heimatlosigkeit überwog das Gefühl der Freiheit. Ich schaute mich immer wieder um, ob ich denn nicht wenigstens einen vertrauten Menschen sehen könnte. Ich kannte niemanden. Es waren aber Männer da, die ich fürchtete, weil sie so brutal wirkten, und es waren überhaupt Menschen da, die alle in sich gekehrt wirkten, von mir keine Notiz nahmen. Langsam wurde mir klar, dass ich nicht bedroht war, außer davon, dass mich niemand zur Kenntnis nahm …

Dort, wo sonst eine Brücke über den Fluss führte, war – wie wohl in alten Zeiten – eine Fährfrau. Bei ihr war ein junger Mann. Die beiden schienen sich sehr zu lieben, ohne dass das durch Gesten zum Ausdruck gebracht wurde. Es war einfach sichtbar. Er war jung – irgendwie auch alt – und wirkte wie ein junger Mann, dem immer wieder etwas einfällt. Sie war wunderschön, fremdländisch, sehr behutsam und ganz konzentriert auf ihre Arbeit. Die beiden waren überhaupt sehr konzentriert auf ihre Arbeit.

Mich packte eine ungeheure Sehnsucht, zu ihnen zu gehören, von ihnen akzeptiert zu sein. Solange ich auf dem Schiff blieb, war ich in ihrer Atmosphäre, fühlte diese Geschlossenheit und dieses Zusammengehören der beiden und dieses gemeinsame Sich-einer-Sache-Hingeben.

Langsam erwachte ich, aber ich versuchte, das Erwachen noch hinauszuzögern. Eine tiefe Trauer erfasste mich: Die beiden würden auch getrennt werden, sie würden auch keine Einheit bleiben können. Und dann gelang es mir wieder, die Atmosphäre dieses Einsseins zurückzuholen … Die beiden wirkten nicht wie Menschen, sie wirkten wie Mensch gewordene Götter …«

Dieser Traum wurde von einem achtundzwanzigjährigen Mann geträumt, der am Abend zuvor eine Frau kennengelernt hatte, die ihn sehr faszinierte. Er hatte einen Teil der Nacht damit zugebracht, Beziehungsphantasien mit dieser Frau zu gestalten: Er stellte sich vor, wie er sie das nächste Mal treffen, was er ihr sagen wollte. Er stellte sie sich auch visuell vor, versuchte, ihr Bild aus dem Gedächtnis zurückzuholen. Er sah sich mit ihr in verschiedenen Situationen als Paar, versuchte, sich Gespräche zwischen ihnen auszudenken, erfand Kosenamen für sie und dachte sich auch aus, welche Kosenamen sie für ihn erfinden könnte ... Als er dann doch endlich schlief, hatte er den geschilderten Traum, der ihn tief bewegte und beschäftigte. Ganz besonders berührt war er von diesem Paar, das ihm so göttlich – und doch auch menschlich – vorkam. Was ihn aber besonders faszinierte, waren nicht nur die einzelnen Gestalten, die ihm beim Erwachen visuell gar nicht sehr präsent waren, sondern vielmehr das Zusammenspiel der beiden. Das kommt schon in seiner Beschreibung zum Ausdruck. Die »Einheit«, das »Einssein« der beiden, wie sie »gemeinsam sich einer Sache hingeben«, das sind die Worte, die er hervorhebt, als er das Traumerlebnis beschreibt. In seinen Assoziationen sagt er immer wieder: »Ich hatte ein Gefühl von Ganzsein, deshalb wollte ich auch nicht erwachen, das ist ›Ganzheit‹, und das ist auch ›Geheimnis‹. Dieses Paar bedeutet für mich ein faszinierendes Geheimnis, es hat die Möglichkeit, mir etwas ganz Neues in meinem Leben zu zeigen; ich kann etwas Neues erfahren, das geht weit über das hinaus, was ich bis jetzt erlebt habe.«

Dass er mit dem Paar etwas ganz Neues erfahren kann, ist in dem Bild der Überfahrt über den Fluss, zu einem neuen Ufer, bereits ausgedrückt. Ebenso sehr ist aber im emotionellen Fasziniertsein durch dieses Paar – was ihn dazu bringt zu sagen, es seien Götter, zu den Menschen herabgestiegen – eine Qualität des Transzendierens, des Überschreitens der alltäglichen Lebensqualität angedeutet.

Das Paar erinnert ihn nicht an seine Phantasien, die er während der Nacht, bevor er den Traum träumte, ausgesponnen hatte: Die Fährfrau habe der Frau, die ihn am Tag zuvor so fasziniert hatte, nicht geglichen, wenigstens könne er das nicht behaupten. Er wäre schon gerne wie der junge Mann in dem Traum, der auch weise gewesen sei und auf ihn den Eindruck gemacht habe, dass ihm in jeder Situation etwas einfalle. Aber er sei nicht etwa so ein überaus tüchtiger Typ gewesen, wie man ihn im Alltag oft treffe, eher ein meditativer, aber auch ein pfiffiger Mann, einfach ein sehr lebendiger.

So lebendig fühle er sich auch, seit er diese Frau kenne, und so, wie die beiden miteinander sich auf ihre Aufgabe konzentriert hätten, so wolle auch er eine Beziehung leben können, das sei sein Ideal. Aber die beiden im Traum seien so ganz und gar außergewöhnliche Menschen gewesen, wenn man sie überhaupt als Menschen bezeichnen könne, und er selbst sei doch nicht so außergewöhnlich, sie stellten wohl wieder eines seiner hohen Ideale dar.

Auch beschäftigt den Träumer sehr, dass er im Traum aus einer Gegend wegging, die ihm vertraut war, in der er sich »beheimatet« fühlte. Die aufbrechende Liebe wird im Traum auch als das Verlassen der Landschaft seiner Jugend dargestellt. Der Traum zeigt weiter, wie sehr er sich zunächst allein fühlt, wie dieser Aufbruch nicht nur Freiheit bringt, sondern auch Ungeborgenheit, dass er mit Angst verbunden ist, vor allem auch mit der Angst, in der neuen Umgebung nicht mehr genug beachtet zu werden. Diese Traumszenen können natürlich auch so verstanden werden, dass alle Personen, die im Traum auftreten, als Persönlichkeitsanteile des Träumers aufgefasst werden: dass also die brutalen Männer – oder die vermeintlich brutalen Männer – brutale männliche Aspekte von ihm selbst wären, die in dieser Situation der Unsicherheit, die der Aufbruch bedeutet, sich zeigen. Er hat beispielsweise Angst, in einer sehr ausgesetzten Situation auch brutal werden zu können. Aber er bleibt in dem Traum nicht beim ängstigenden Aspekt stehen: Er folgt einem Fluss, den er sehr gut kennt und bei dem er auch weiß, wo sich die Brücken befinden. Doch als er an die Stelle des Flusses kommt, wo man ihn überqueren kann, gibt es hier – im Unterschied zur Realität – keine Brücke mehr. Der Heimatfluss hat sich verändert. Statt der Brücken gibt es ein »Fährpaar«. Dieses Paar setzt ihn ans andere Ufer über – zu neuen Möglichkeiten.

Dieser Traum ist wohl ausgelöst durch die Verliebtheit, die am Vortag in ihm aufgebrochen war, und durch die lebhaften Phantasien, die sich daran anschließend entwickelt haben: Seine Phantasien sind typisch für den Zustand des Verliebtseins, in diesem Zustand sind sie wohl auch am lebendigsten, am farbigsten, der Verliebte ist schöpferisch. Aber nicht nur im Zustand des Verliebtseins haben wir Beziehungsphantasien: wir phantasieren ständig um unsere Beziehungen. Die meisten Romane haben mit Beziehungsphantasien des Autors zu tun, und aus der Literatur wird auch ersichtlich, dass der gleiche Autor viele verschiedene Beziehungsphantasien haben kann.

Auch unser Träumer hatte verschiedene Beziehungsphantasien, spielte sie gleichsam durch und versuchte wohl herauszufinden, welche von ihnen ihm am meisten Freude machten, wohl auch, welche ihn am meisten als Person erfassten, erfand er doch Kosenamen, die die Frau für ihn erfinden sollte, verwarf sie wieder usw.

Es ist typisch für Beziehungsphantasien, dass wir nicht nur den Partner oder einen möglichen erwünschten Partner phantasieren, sondern dass wir mehr oder weniger bewusst auch uns selbst als eine Figur dieser Beziehungsgeschichte sehen. Wir sehen uns auch so, wie wir für diesen geliebten Menschen sein möchten, sein könnten.

Der Träumer drückt das aus, wenn er sagt, er möchte schon so sein wie der junge Mann, meditativ, pfiffig, lebendig. Und indem er sagt, dass er sich so lebendig fühle, seit er diese Frau kenne, drückt er aus, dass in der Faszination durch diese Frau eine lebendige, pfiffige, aber auch weise Seite in ihm zum Leben drängt.

Diese Frau könnte seine pfiffige, lebendige Seite aus ihm herauslieben. Das scheint mir ein außerordentlich wichtiger Aspekt einer Beziehung zu sein: Jeder Mensch, der uns fasziniert, liebt etwas aus uns heraus, spricht etwas in unserer Psyche an, was dann ins Leben hereingeholt werden kann. Was einmal angesprochen worden ist, verändert unser Leben und uns selbst. Auch wenn wir uns von einem Menschen trennen, bleibt das, was er aus uns herausgeliebt hat, was er in uns angesprochen und damit auch ins Gespräch gebracht hat, etwas, was uns nicht mehr verloren gehen kann, was zu unserer Lebensgeschichte gehört, was uns neue Aspekte von uns selbst erfahrbar und erlebbar gemacht hat. Wenn wir uns das bewusstmachen, verlieren wir mit Beziehungen, die sich lösen, nicht immer auch uns selbst.

Das gilt natürlich nicht nur von Liebesbeziehungen. In den Liebesbeziehungen werden diese Aspekte nur ganz besonders sichtbar und erlebbar. Doch was am Ausnahmefall, was an einer Grenzsituation menschlichen Erlebens – und das ist die Liebe – sichtbar wird, kann, wenn unser Erleben und unsere Sehweise dadurch geschärft worden sind, sich auch in weniger dramatischen Beziehungen zeigen.

Man könnte jetzt meinen, dass der Träumer eh schon ein pfiffiger Mensch gewesen sein wird. Dem ist aber nicht so: Er ist eher ein etwas langsamer, bedächtiger Mann, der es gerne hat, wenn alles in den vorbestimmten Bahnen abläuft, dem eine gewisse Beweglichkeit abgeht. Er war darum selbst sehr erstaunt darüber, dass er dazu fähig war, sich so »gewagte« Phantasien über sich und seine mögliche Partnerin zu machen.

Sowohl in seinen Beziehungsphantasien als auch in seinem Traum wird klar, dass es nicht nur darum geht, sich selbst in seiner erwünschten Gestalt und den geliebten Menschen in seiner ersehnten Gestalt zu sehen – darum geht es auch –, sondern es geht vor allem darum, dass wir die Art der Beziehung phantasieren, die natürlich auch etwas mit der besonderen Art der beiden Partner zu tun hat.

In der wachen Phantasie sind dem Träumer die Kosenamen wichtig. Dabei geht es nicht nur um den Geborgenheitsaspekt, sondern auch darum, dass Kosenamen ja neue Namen sind, die die Geliebten einander geben, also auch um Aspekte der Beziehungsphantasie zu einem ganz speziellen Menschen: Sie wird zum Beispiel zu einem »Herzkäferli«, er zu einem »Brummerli«. Kosenamen sind Ausdruck für eine ganz bestimmte Beziehung, meist auch für eine ganz bestimmte Zeitspanne einer Beziehung, und wenn ein Paar zu einem späteren Zeitpunkt auf einen früheren Kosenamen zurückgreift, dann greifen die beiden auch auf eine Beziehungsphantasie zurück, die ihrer Partnerschaft einmal zugrunde gelegen hat. Mit diesem Zurückgreifen tauchen sie dann auch in viele Erinnerungen ein, und viele Erlebnisse werden wieder lebendig, die sie damals miteinander verbanden. Kosenamen sind aber auch Ausdruck dafür, dass in der Beziehung beide sich ein Stück weit verändern, Seiten in ihnen lebendig werden, die eigentlich nur im Zusammenhang mit dem Partner ihre Bedeutung haben.[21]

Im Traum stand vor allem das Einssein der beiden miteinander im Vordergrund, das sich auch darin zeigte, dass sie keine Gesten brauchten, um dieses Einssein darzustellen, und dass sie miteinander auf ihre Aufgabe bezogen waren. Das ist offenbar ein Beziehungswunsch des Träumers: mit einer Partnerin zusammen hingebungsvoll – und doch auch pfiffig – eine Aufgabe angehen zu können.

Das Ideale sehen

Fassen wir dieses Traum-Paar symbolisch auf, als ein Paar, das sich in der Seele des Träumers konstelliert hat, also Lebensmöglichkeiten von ihm ausdrückt, dann verkörpern sie, dass er ganz hingebungsvoll, mit dem Gefühl des Ganzseins – und das ist ein Gefühl des Geglücktseins –, sein Leben weiterführen kann. In der Situation des Verliebtseins aber werden wir in diesem

Bild viel eher eine Beziehungsphantasie sehen: So möchte er die Beziehung mit einer Frau leben können. Er selber sagt nachher, das stelle sein »Ideal« dar. Der Träumer ist ein Mensch mit vielen Idealen und ist sich selber gegenüber schon etwas misstrauisch, wenn wieder etwas als so ganz und gar ideal erscheint.

Beziehungsphantasien meinen aber das Ideale, und der geliebte Partner wird idealisiert, sonst wäre er eben nicht der geliebte Partner. Und nicht nur der geliebte Partner wird idealisiert, auch man selbst wird – als Teil der Beziehungsphantasie zu diesem Partner – immer auch ein Stück weit mit idealisiert.

Dostojewski hat das sinngemäß so ausgedrückt: Einen Menschen lieben heiße, ihn so zu sehen, wie Gott ihn gemeint haben könnte. Diesen Ausspruch kann man dahingehend ergänzen, dass wir, wenn wir geliebt werden, uns manchmal auch so erleben, wie »Gott« uns gemeint haben könnte. Das liegt wohl im Wesen der Liebe. Vielleicht entsteht Liebe nur dann, bricht Liebe nur dann auf, wenn wir in einen geliebten Menschen seine besten Möglichkeiten hineinsehen und diese aus ihm herauslieben können, Möglichkeiten, die ihn über die Enge des bisherigen Gewordenseins hinaustragen, die sein Leben für etwas öffnen, was er nicht für möglich gehalten hat. Und indem wir die besten Möglichkeiten in einen geliebten Menschen hineinsehen – oder vielleicht besser: aus ihm heraussehen –, gewinnen wir als die Liebenden teil an ihm, und es werden auch in uns Aspekte wach, die über das hinausgehen, was wir geworden sind, worauf wir uns festgelegt haben.

Was wir in einem geliebten Menschen sehen, mag ein »fundiertes Wunschbild seiner selbst«[22] sein, das eben der Phantasie eines liebenden Menschen bedarf, um es ins alltägliche Leben zu inkarnieren; es mag aber zunächst auch nur ein Wunschbild des Liebenden sein. Allerdings wird dann die Ernüchterung recht schnell folgen, die Enttäuschung sich einstellen. Aber es ist wohl doch das Geheimnis der Liebe, dass da ein Mensch plötzlich die Phantasie und den Mut aufbringt, in einem anderen Menschen etwas zu sehen, das dieser selber vielleicht ahnt, aber noch nicht kennt, und worauf er sich nie einlassen könnte, würde es ihm nicht von außen liebend nahegebracht.

In den Beziehungsphantasien projizieren wir nicht nur das, was uns selbst fehlt und was uns aus unserer eigenen Psyche am anderen entgegenwächst, in den Anderen hinein; der geliebte Mensch ist nicht einfach ein Spiegel, an dem wir zu uns selbst kommen können. In der Liebe sehen wir vielmehr die besten Möglichkeiten in einen Partner hinein und geben ihm durch unsere Liebe auch das Gefühl, dass er sie verwirklichen kann. Und wenn wir wirklich lieben, werden wir ihm auch verzeihen, wenn er in der Realisation seiner besten Möglichkeiten weit hinter ihnen zurückbleibt. Wir werden vielleicht gerade dadurch, dass wir uns später noch an die Gesten der aufbrechenden Liebe erinnern, auch immer wieder daran denken, dass wir solche schöpferischen Phantasien, solche erwartungsvollen Gefühle mit diesem Menschen verbunden haben und dass die Möglichkeit, sie zu realisieren, so lange besteht, wie wir sie in unserer Phantasie aufrechterhalten.

Das ist gewiss nicht als ein imaginativer Gewaltakt zu verstehen. Es ist ein Aspekt der Liebe selbst, dass sie im geliebten Menschen viele Möglichkeiten sieht, die dem, der nicht liebt, verborgen bleiben. Das mag von außen als die »Blindheit« der Liebe erscheinen, von innen ist es die Sehergabe, die Chance der Liebe. Auch dieser Aspekt ist im Traum angedeutet.

Der Träumer träumt, nachdem er schon viel phantasiert hat, diesen Traum. Der Traum hat also seinen Beziehungsphantasien etwas beizufügen. Und zwar gerade diesen »idealen« Aspekt, wie der Träumer ihn nannte, oder aber auch, wenn wir näher am Traumtext bleiben, den Aspekt eines »göttlichen« Paares, das für den Träumer aber in Menschengestalt erscheint, so dass er nicht eine zu große Distanz zwischen ihm und sich empfindet.

Der Traum selbst regt diese ideale Sicht der Beziehung an, zeigt, dass in all den Phantasien, die mit dem alltäglichen liebevollen Umgehen miteinander zu tun haben, etwas in ihm mit betroffen ist, das er »göttlich« nennt, das weit über Menschliches hinausgeht und doch Mensch werden kann. Ideal, gewiss – aber Ausdruck dafür, dass, wenn wir lieben, diese idealen Aspekte des Menschlichen mit berührt sind und dass Eigenschaften, die wir den Göttern zuschreiben, die uns also meistens unerreichbar bleiben, hier zumindest als Phantasie, als Utopie in den Bereich des Lebbaren rücken. Damit werten sie den Träger dieser Bilder in seinem Selbstwert ungemein auf und geben ihm eine ungeheure Anregung zur Selbstverwirklichung, gerade auch zur Realisierung dieser zutiefst verschwiegenen Bilder von sich selbst. Auch wenn solche Bilder im realen Leben wohl nie ganz eingelöst werden können, als Utopie, als Anreiz zur Entwicklung stehen sie hinter jeder Liebe. Hinter jeder Paarbeziehung stehen Beziehungsphantasien, die wir als ideal erleben und die wir dementsprechend auch in den Mythen von den Beziehungen der Götter widergespiegelt finden. In solchen idealen Paarbeziehungen stellten sich die Menschen eben zumindest die Götter vor. In der Auseinandersetzung zwischen diesem Ideal und dem Lebbaren spielt sich dann das gelebte Leben ab, und dabei verändern sich auch die Beziehungsphantasien.

Sehnsucht nach Ganzheit

Noch einen weiteren Aspekt des Traums möchte ich beleuchten: Der Träumer spricht verschiedentlich davon, dass von diesem Fährleutepaar für ihn ein Gefühl des Einsseins ausgeht, und in seinen Anmerkungen zum Traum spricht er dann auch von einem Gefühl von Ganzheit. Das ist ein weiterer wesentlicher Aspekt der Beziehungsphantasien: Wenn solch ein Paar für uns erlebbar wird und solche Ganzheitsgefühle in uns auslöst, sei das in einer Phantasie, einer Imagination, in einem Traum oder ausgehend von einer ganz realen Beziehungssituation – wobei es auch eine Beziehung zu einem gleichgeschlechtlichen Menschen sein kann –, dann fühlen auch wir uns »ganz«, dann fühlen wir uns identisch mit uns selbst, fühlen, dass wir – einen Entwicklungsprozess durchlaufend – stimmig im Leben stehen. Natürlich werden wir einen Partner suchen, der in uns dieses Gefühl der Ganzheit so oft wie möglich hervorrufen kann, denn nichts kann uns so sehr das Gefühl des guten Selbstwerts und damit auch einer guten Befindlichkeit geben wie dieses Erleben von Ganzheit. Nur, scheint mir, sind Partner nicht dazu da, einem diese Ganzheit zu erhalten; dass sie diese Bilder in uns anregen, diese Bilder überhaupt ins Leben hereinholen und uns auch zwingen, mit diesen Bildern umzugehen, sie zu inkarnieren, ist doch wohl schon genug.

Der Schluss des Traums ist davon beherrscht, dass der Träumer nicht erwachen will, weil sonst dieses Gefühl der Einheit, der Ganzheit verloren gehen könnte. Er spürt sehr deutlich, dass nicht nur die Einheit eine Realität ist, sondern auch die Trennung, und beim Aufwachen gelingt es ihm, Einssein und Trennung wechselweise zu erleben, also die Angst vor der Trennung auch immer wieder zu überwinden. Auch das ist eine Realität: Das Problem der Trennung muss in jeder Beziehungsphantasie mit gesehen werden; Menschen können nicht nur in Vereinigung leben, sie müssen auch immer wieder Einzelne sein. Und sosehr auch in der Liebe und in den Beziehungsphantasien, die zu ihr gehören, das Erlebnis des Getrenntseins aufgehoben ist und aufgehoben wird, ist das doch jeweils nur der eine Aspekt der Bezogenheit.

Diese Gedanken zu den Beziehungsphantasien möchte ich nochmals zusammenfassen und ergänzen: Unseren Beziehungen liegt immer eine Beziehungsphantasie zugrunde. Diese Beziehungsphantasien sind dann am lebendigsten, wenn wir verliebt sind; dann sind wir gepackt von diesen Phantasien, gestalten sie, leben in ihnen. Versuchen wir doch einmal, uns eine dieser Phantasien aus unserem Leben zurückzurufen, noch einmal zu sehen oder nachzuempfinden, wie wir damals unseren Partner oder unsere Partnerin gesehen haben – in einigen seiner oder ihrer mannigfaltigen Erscheinungsweisen –, und versuchen wir auch nachzuspüren, ob wir mit dem Bild des Geliebten oder der Geliebten nicht auch ein Bild von uns selbst verknüpft und in diesem Bild ausgedrückt haben, wer wir für diesen Partner gerne sein wollten.

Meine These ist: In meiner Beziehungsphantasie gestalte ich ein Paar, dessen einer Aspekt nicht einfach aus meinem Ich besteht, sondern ich phantasiere eine mir Ganzheit verheißende, beglückende, anregende, erregende Verbindung von Frau und Mann, ausgelöst durch einen Partner oder durch eine Partnerin. In der Phantasie zeigt sich nicht nur, was dieser Partner etwa für mich sein könnte, was ich in ihm/ihr sehe, sondern auch meine Vorstellung davon, was er/sie aus mir herausliebt, welche besten oder schlechtesten Züge er/sie in mir belebt. Diese Phantasie ist ideal, geht weit über den anderen Menschen hinaus in einer Sehnsucht, die das Transzendente berührt.

Zunächst aber werden in diesen Phantasien zwei einzelne Wesen gestalthaft gegenwärtig, die Phantasie rankt sich im Wesentlichen um die Beziehung, die diese beiden miteinander haben, um ihren Umgangsstil, um das Begehren, um die Freude und die Befriedigung, die daraus entstehen, um die Ängste, mit denen umgegangen werden muss.

Sowohl die Bilder der Partner als auch ihre Beziehungsform sind von vielen Aspekten abhängig: von der Elternbeziehung, von früheren Beziehungen, die ihnen Wohlbefinden gegeben haben, von gesellschaftlichen Normvorstellungen, wie sie etwa im Fernsehen oder im Kino gezeigt werden, aber auch von archetypischen Bildern und im Zusammenhang damit von der Sehnsucht, im Liebeserlebnis Ganzheit zu erleben, zu erfahren, dass immer wieder Getrenntes zu einer Einheit werden kann und wie wir in dieser Einheit über uns hinauswachsen. In einer Beziehungsphantasie ist aber auch die Sehnsucht nach der eigenen Ganzwerdung verborgen sowie die Hoffnung, das Getrenntsein vom Mitmenschen zu überwinden. Mit dieser archetypischen Ebene hängt auch zusammen, dass wir in der Liebe den Partner, aber auch uns selbst als Liebende so sehen, wie »Gott« uns gemeint haben könnte. Das ist das ungeheuer Stimulierende an der Liebe, dass sie uns in Beziehungsphantasien selber in neuem Licht zeigt – wie wir in der Liebe ja auch über uns hinauswachsen. Das Ernüchternde hängt natürlich auch damit zusammen: Wenn wir diese Bilder nicht mehr aufrechterhalten können und anfangen, einander aus Enttäuschung zu entwerten, dann erfolgt der Absturz. Wenn die Bilder der Öffnung und des Aufbruchs, wie sie der ersten Phase der Liebe entspringen, zu einem enttäuschten »So bist du wirklich – und nur so« werden, zu einem verengten Bild des Partners, wird der anfängliche Raum der Freiheit zu einem Gefängnis.

Ob zwei Menschen miteinander eine Beziehung eingehen, hängt wohl davon ab, ob ihre Beziehungsphantasien einander in etwa entsprechen. Wir gehen ja in der Realität so vor, dass wir immer wieder Aspekte einer Beziehungsphantasie zu realisieren versuchen und darauf achten, ob der Partner darauf eingehen kann oder nicht. Wenn er nicht oder zu wenig darauf eingehen kann, dann suchen wir einen anderen Partner; wenn er aber so darauf eingehen kann, dass er unsere Beziehungsphantasie mit seiner Phantasie noch bereichert, dann bekommen wir das Gefühl des Zusammenpassens, dann ereignet sich Liebe, dann ist auch Gelegenheit gegeben, dass wir miteinander Beziehungsräume gestalten können. Beziehungsräume sind die Räume, in denen die Liebe sich immer wieder ereignen, sich immer wieder neu entzünden kann.

Wenn wir aber lebendige Menschen sind, werden wir feststellen, dass diese Beziehungsphantasien sich im Laufe des Lebens immer wieder verändern, dass wir also, wenn wir lebendige Beziehungen haben wollen, auch diese Beziehungsphantasien immer wieder miteinander teilen müssen, nicht, indem wir sie als Vorwürfe gegeneinander wenden, sondern indem wir sie als Sehnsüchte nach neuem gemeinsamen Leben formulieren, als Wegmarken einer gemeinsamen Beziehung betrachten. Krisen und Probleme gibt es dann, wenn wir feststellen, dass eine neue Beziehungsphantasie vom Partner nicht oder noch nicht geteilt werden kann, oder wenn wir uns unserer neuen Sehnsüchte noch nicht bewusst sind.

Mythen als Modelle

Die Ideale, die sich hinter den Beziehungsphantasien der Menschen verbergen und sich zugleich in ihnen ausdrücken, variieren im Laufe der Zeiten und bei den unterschiedlichen Menschen verhältnismäßig wenig. Grundsehnsüchte und Grundängste der Menschen im Blick auf Beziehungen scheinen sich ähnlich zu bleiben, nur der Umgang mit ihnen verändert sich – wenn es gut geht.

Diese Grundsehnsüchte und Grundängste im Zusammenhang mit Liebe und mit Beziehung sind schon in den Mythen von den Götterpaaren dargestellt, die uns die Religionsgeschichte überliefert.

Im Mythos ist ausgedrückt, wie der Mensch sich selbst und die Welt versteht oder verstehen möchte; im Mythos finden wir Selbstdeutungen und Weltdeutungen des Menschen, in den Mythen von Götterpaaren Deutungen des Paarverhaltens, mögliche Modelle für die Beziehung zwischen Mann und Frau. Da es verschiedene Götterpaare gibt, gibt es auch verschiedene Modelle, die gleichsam Ideale sind und mit denen wir uns auseinanderzusetzen haben.

Mythen sind kollektiv gültige Menschheitsgeschichten über das Leben und über den Tod; wenn wir uns mit ihnen beschäftigen, entdecken wir in ihnen immer noch einen Bedeutungsüberschuss, durch den sie immer noch unsere Sicht des Lebens mit erklären helfen oder uns dazu bringen, Lebenserfahrungen und Phantasien über das Leben von anderen Perspektiven aus anzusehen. Wenn sie für unser Verständnis von Leben und

Welt keine Bedeutung mehr hätten, würden wir uns nicht mehr für sie interessieren. Wir interessieren uns aber für die Mythen und übersetzen sie auch in die Sprachen der Gegenwart: So sind in den Darstellungen von Superman unschwer die Heldenmythen zu finden.

Mir scheint es immer reizvoll, verschiedene Deutungsversuche des Lebens zur Erklärung eines Phänomens – wie hier der Beziehungsphantasie – heranzuziehen, damit sich aus den vielen Perspektiven eine neue Sichtweise ergeben kann.

Wenn sich in den Beziehungsphantasien überhaupt und insbesondere in denen, die mit großer Liebe verbunden sind, in jedem Menschen archetypisch Weibliches und Männliches in seiner Zusammengehörigkeit konstelliert – zugleich mit einer Belebung des Schöpferischen, Imaginativen –, dann müssen diese Paare in der Mythologie zu finden sein, in unseren Phantasien, in der Literatur, in den Träumen, aber auch im Alltagsleben des Einzelnen.

Die bezogene Existenz

Beziehungsphantasien sind in der Beziehung von Liebenden am farbigsten und darum am leichtesten zu erkennen. Liebende überlassen sich freudig diesen Phantasien und werden dadurch bis in die Tiefe ihrer Persönlichkeit erfasst und umgestaltet. Sie geraten innerlich in Bewegung, und das kann Freude, aber auch Angst auslösen. Paarphantasien drücken – gerade auch in gelebten Partnerschaften – die ausgesprochenen und vor allem die unausgesprochenen Sehnsüchte aus, die mit der Beziehung verbunden sind. Wenn wir eine Veränderung der Beziehungsphantasien zulassen, spricht sich in ihnen auch die Sehnsucht nach einer immer wieder lebendigen Beziehung aus, die sich verändern kann, muss und darf, so wie das Leben sich immer verändert. Das »Abschiedliche« unserer Existenz zeigt sich in der Notwendigkeit zu jeweils neuen Beziehungsphantasien, in neuen Beziehungssehnsüchten, die, wenn man Glück hat, durchaus vom alten Partner geteilt werden können. Neue Beziehungsphantasien zu haben heißt aber immer auch, von alten Beziehungsmustern Abschied zu nehmen.

Beziehungsphantasien verschiedener Typen, wie *Shiva – Shakti, Ishtar – Tammuz, Zeus – Hera, Merlin – Viviane, Brudermann – Schwesterfrau*, die ich als Modelle genommen habe, sehen natürlich bei jedem Menschen wieder etwas anders aus. Sie scheinen auch nebeneinander zu bestehen, wobei die eine oder die andere Phantasie jeweils vorherrschend ist und das Beziehungsverhalten dominiert. Diese Phantasien sind Ausdruck der verschiedenen Gestaltungsmöglichkeiten innerhalb von Liebesbeziehungen.

Mir ist aufgefallen, dass eine Shiva-Shakti-Beziehungsphantasie bei all den Paaren, die sich lieben, mehr oder weniger bewusst wahrgenommen, zugrunde liegt und dass eine Schwesterfrau-Brudermann-Phantasie sich bei immer mehr Paaren in unserer Zeit anzukündigen scheint.

Diese Beziehungsphantasien in ihren sich immer wieder verändernden Bildern haben aber nicht nur in Liebesbeziehungen ihren Platz. Wir entwickeln diese Phantasien in allen möglichen Beziehungen und auf alle möglichen Partner hin. Gerade Menschen, die in keiner Liebesbeziehung stehen, können sehr intensive Beziehungsphantasien auslegen. Die Sehnsucht nach Liebe kann diesen Beziehungsphantasien eine sehr große Intensität verleihen und den Phantasierenden mit Gefühlen des Ganzseins und der Liebe erfüllen. Nicht nur ein lebendiger Partner regt uns an, eine Beziehungsphantasie zu schaffen und ihn dadurch in seinen besten Lebensmöglichkeiten und – in Beziehung zu ihm – auch uns selbst in einer neuen Sicht zu sehen. Auch Begegnungen mit Traumfiguren können ähnliche Prozesse auslösen, ebenso Begegnungen mit Gestalten der Literatur und in Filmen, die uns beeindrucken. Es ist dann, als ob wir darauf gewartet hätten, dass jemand oder etwas uns auf eine neue Lebensmöglichkeit hin anspricht.

Wir alle haben zur gleichen Zeit viele Beziehungsmöglichkeiten, wenn wir uns darauf ansprechen lassen, sind also vielfältig auf Menschen, Anregungen, Dinge bezogen, die uns aus der Welt entgegenkommen, uns anregen, also etwas in uns in Bewegung bringen; und das hat letztlich mit unserer Individuation, mit unserem Selbstwerdungsprozess zu tun. Denn nicht alles kann uns gleichermaßen anregen, wir müssen vielmehr ansprechbar sein und unsere Ansprechbarkeit auch wahrnehmen, um sie in unserer Phantasie auszugestalten.

Beziehungsphantasien haben die Funktion, uns mit dem Anruf der Welt im weitesten Sinne und unserer Antwort darauf in Beziehung zu setzen, und indem wir sie gestalten, gestalten wir Möglichkeiten unserer Persönlichkeit, die erst in dieser Bezogenheit wirklich ins Leben treten können. Letztlich geben wir in Beziehungsphantasien unseren tiefsten Sehnsüchten nach Überwindung des Getrenntseins vom anderen Menschen, von der Welt, damit aber auch unseren tiefsten Sehnsüchten nach immer größer werdender Ganzheit Gestalt. Wenn unsere Beziehungsphantasien vom Partner nicht geteilt werden, erleben wir, dass diesem Streben nach Ganzheit, nach tiefster Verbundenheit immer auch Grenzen gesetzt sind und Trennung ebenso fundamental ist, was die Sehnsucht nach Verbundenheit gerade wieder vorantreibt.

Beziehungsphantasien können uns, ohne dass sie auf eine konkrete Person bezogen wären, ein Gefühl von großer Ganzheit geben oder Ausdruck einer suchenden Sehnsucht nach etwas in uns sein, das größere Ganzheit verspricht.

Der Traum von der heiligen Hochzeit

Eine achtundfünfzigjährige Frau, die sehr gerne ihren Beruf als Lehrerin ausübt, sagt etwas traurig, es habe viel Liebe in ihrem Leben gegeben und es gebe noch viel Liebe, aber *die* Liebe habe sie nicht erfahren. Nie sei sie so verliebt gewesen, dass sie alles hingeworfen hätte, um mit diesem Menschen verbindlich und gern zusammen zu sein. Das wurde ihr anlässlich einer Therapie bewusst; diese Einsicht erfüllte sie mit Trauer und Sehnsucht, und sie versuchte, ihren Lebensweg als ihr Schicksal zu verstehen. »Wenn die große Liebe zu einem Menschen nicht sein kann, dann will ich es akzeptieren.« Sie träumt:

»Jemand öffnete ein Buch. Ich denke, es könnte eine Bibel sein. Es ist ein Bild zu sehen: ein Paar, das ganz innig ineinander versunken ist, ohne sich dabei zu halten. Das Bild zieht mich sehr an. Ich betrachte es lange. Da werden die beiden lebendig. Der Mann gleicht König David, die Frau ist ein wenig wie Bath-Seba. Aber eigentlich hat sie meine Körperformen, seltsam, ich bin doch keine Bath-Seba.

Ich bin seltsam ergriffen von dem Traum, und ich erwache voll Liebe.«

Dieses Gefühl der Liebe halte an, sagt sie erstaunt, ohne dass ein konkreter Mensch da sei, den sie liebe. Sie quelle über von Liebe und habe nun die Gewissheit, zu spüren, was denn Liebe sei. Sie beschreibt ihre Gefühle so: »Ich habe das Gefühl, dass jetzt für einen Moment alles ›ganz‹ ist. Ich bin einverstanden mit mir, mit dem Leben, mit allem Schwierigen und allem Schweren. Ich habe begonnen, mir David als realen Mann vorzustellen – der dürfte aber recht schwierig gewesen sein. Dann habe ich ihn gezeichnet …« Langsam nähert sie sich »ihrem« inneren David an, später auch der Gestalt der Bath-Seba. Sie gesteht sich ein, dass sie sich immer verboten hat, so verführerisch zu sein. Die Beschäftigung mit diesen Traumgestalten, die auch Gestalten der Bibel sind, bringt sie in Kontakt mit wichtigen Aspekten ihrer weiblichen Identität und erfüllt sie immer wieder mit Gefühlen der Liebe.

Die Liebe ist es, die diesen Beziehungsphantasien sozusagen Flügel verleiht, selbst aber auch wieder von ihnen genährt wird. Es ist dann schwer auszumachen – und wohl auch nicht nötig, es zu wissen –, ob die Beziehungsphantasie oder die in ihr sich ausdrückende Liebe es bewirkt, dass wir ein neues Lebensgefühl der Daseinsfülle, der Hoffnung, der Schöpfungswonne erleben, verbunden mit dem Gefühl des Beheimatetseins, aber auch der Ahnung, alles Alltägliche transzendieren zu können, ja Transzendenz in der Liebe zu erleben. Dann, als so Liebender, wagt der Mensch sich ganz, verausgabt er sich in dem Gefühl, geben zu können, sich geben zu können; das aber wiederum belebt die Beziehungsphantasie, steigert die Liebe.

Dieses Lebensgefühl kann sich auch der Welt des Alltäglichen, des Widerständigen verbinden, sei es, dass wir, um diesen Aspekt wissend, das Widerständige – das, was sich uns ständig hemmend entgegenstellt – als *einen* Aspekt der menschlichen Existenz verstehen und nicht als das *Ganze* der menschlichen Existenz, sei es, dass wir liebevoller auch mit dem Widerständigen umgehen können und es dadurch auch verwandeln.

Wir haben teil an der Liebe, und wir haben teil an der Welt des Alltäglichen. Damit meine ich nicht, dass Liebe primär ein Gefühl ist, das zwischen den Menschen ist. Liebe ist primär *ein Gefühl von mir*, von dem ich erfasst bin, das in mir aufbricht; es sucht aber immer zugleich eine Verbindung zu einem Du, sei es ein Liebespartner, eine Sache, die Natur, Gott. Ich halte Liebe für das Gefühl, das Getrenntes lustvoll vereint und doch weiß, dass wir letztlich Einzelne bleiben müssen. Liebe schafft Beziehung, aber es gibt auch Beziehungen, in denen sich kaum Liebe ereignet. Liebe hat immer auch einen Aspekt des Unvorhersagbaren, auch der Gnade. Beziehung, Bezogenheit ist viel nüchterner, sehr viel mehr von meinem Entschluss abhängig. In Beziehung zu treten kann aber der erste Schritt dahin sein, dass Liebe aufkeimen kann. Denn *in Beziehung treten* meint, sich einem Andern öffnen, sich auch von einem Du her ansprechen, verstehen lassen, mit einem Du etwas teilen, auch im Sinne des Mit-Teilens und des Teilnehmens am Andern. Sich von einem Du ansprechen lassen, teilen, sich öffnen, teilnehmen aneinander, dies sind Aspekte der Liebe, ohne dass sie schon das Wesen der Liebe ausmachen würden.

Mit diesem Sich-ansprechen-Lassen beginnen aber die Beziehungsphantasien, eine Beziehungswirklichkeit zu erschaffen; sich immer wieder neu ansprechen zu lassen, auch durch einen »alten« Partner in einer bestehenden Beziehung, das macht immer wieder das Aufbrechen von Liebe möglich.

Dieses In-Beziehung-Treten, dem intrapsychisch das Aufbrechen von Beziehungsphantasien entspricht, braucht eine liebevolle Haltung. Liebe können wir nicht »machen«, aber um eine liebevolle Haltung können wir uns bemühen.

Dem Teilhaben an der Welt des Alltäglichen und an der Welt der Liebe entsprechen zwei Haltungen dem Leben gegenüber: die »Bewältigungshaltung«, wie ich sie nennen will, und die »liebevolle Haltung«. Im Idealfall vermischen sich diese beiden Haltungen, im schlechteren Fall gleiten wir in eine der beiden ab.

Für die liebevolle Haltung bekommt alles Seele, bekommt alles einen Wert in sich. Sie ist achtsam und darauf aus, alles, mit dem sie offen in Beziehung tritt, zu mehren, auszuweiten; in der liebevollen Haltung geben wir uns, wagen wir uns aus einer Position der Fülle, in der wir nicht horten müssen. Die liebevolle Haltung lässt den Andern frei. Sie ist zärtlich in einem umfassenden Sinne. Ihre Gebärden sind das Umarmen und Wieder-Loslassen, das Streicheln – mit Worten, mit Händen, mit Augen usw. Ihre Imagination ist die Imagination des Wachsens, des Entfaltens ohne große Eingriffe. Die liebevolle Haltung ist nichts »Süßliches«, sie ist offen zum Emotionalen hin, der Wahrheit des Herzens verpflichtet und durchaus bereit, Unstimmigkeiten – auch aggressiv – anzusprechen. Eine liebevolle Haltung darf nicht mit Harmonisierungstendenzen verwechselt werden. Die liebevolle Haltung meint das Du, der Harmonisierungstendenz geht es um das Ich.

Der »Bewältigungshaltung« geht es um das Erledigen des Anliegenden, darum, dass Aufwand und Ertrag einander zumindest die Waage halten oder aber der Ertrag größer ist. Es geht um Bewältigen und um Nutzen. Wo die liebevolle Haltung den Andern freilässt, wird hier der Andere oder das Andere eingesetzt für meine Vorstellungen, es wird bemessen und nach Angemessenheit gefragt, nicht nach Fülle. Gebärden der Bewältigungshaltung sind das Anpacken, das An-einen-richtigen-Platz-Räumen, das Stoßen und Zerren, das Erledigen. Ihre Imagination ist die Imagination der Ordnung, des Bewältigten, des Erledigten. Die Bewältigungshaltung weiß, wie die Dinge sich verhalten müssen, wie das Du sich verhalten muss, aber nicht, wie die liebevolle Haltung aus einem Sich-Einfühlen die Dinge wachsen lässt. Die Bewältigungshaltung kann in eine Haltung des reinen Manipulierens abgleiten.

Wenn wir wirklich Menschen sind, die – um einen Ausdruck von Ludwig Binswanger[23] zu gebrauchen, dem ich viel Anregung zum Thema verdanke – »in der Welt« und gleichzeitig auch »über die Welt hinaus« sind, werden wir immer an beiden Haltungen Anteil haben, wobei mir scheint, dass wir die liebevolle Haltung in ihrem Wert erst wieder so richtig schätzen lernen müssen. Ich behandle sie hier deshalb bevorzugt, ich möchte sie uns liebenswert machen.

Denn die liebevolle Haltung ist die Möglichkeit, nicht in Destruktivität und reine Manipulation abzugleiten. Sie würde uns wohl auch wieder Freude und damit Vitalität zurückbringen. Sie würde uns aber auch in die Welt der Beziehungsphantasien bringen und uns dazu führen, einander zu mehren, zu fördern, statt aneinander vorbeizugehen. Selbstverständlich ist die Bewältigungshaltung auch wichtig, auch in der schönsten Liebe muss Leben bewältigt werden, und viele Beziehungsphantasien werden recht schnell ernüchtert, wenn der Alltag zu krass zeigt, dass der Mensch, den man so herrlich, so beeindruckend gesehen hat, bei den einfachsten Tätigkeiten versagt.

Dennoch meine ich, dass das »Bewältigen« viel mehr geübt wird als das Liebevollsein, dass eine »liebevolle Bewältigungshaltung« dem Leben gegenüber aber angemessen wäre, wenn wir unser volles Menschsein ausschöpfen wollten und damit in unseren Beziehungen erfüllter und sicherer würden.

Die Beziehungsphantasien stehen im Dienst der Bezogenheit zum Du, zur Welt, aber auch zur eigenen Tiefe. In ihnen drückt sich eine Dynamik des Lebens aus, die uns immer mehr zu uns selbst kommen lassen will – am Du, in der Bezogenheit auf ein Du, an der Welt.

Während man sich zum Sich-Öffnen, zum Teilen, Sich-einander-Mitteilen und auch zur liebevollen Haltung, also zur Beziehung und zur Bezogenheit, entschließen kann, ist das Überschwingen zur Liebe etwas, das geschieht oder nicht geschieht. Man kann sich nur offenhalten dafür – und soll es auch tun.

3. Identität entsteht in Beziehungen

Die Frage nach mir selbst

Wer bin ich? Wer war ich schon alles? Wer werde ich noch sein? Wer möchte ich gewesen sein? Wer bin ich allein, wer bin ich mit anderen zusammen? Das sind Fragen nach der eigenen Identität, nach unserer Persönlichkeit im Werden und im Rückblick. Die Frage nach meinem eigenen Selbst – im Zusammenspiel mit anderen Menschen – ist eine fundamentale, existenziell bedeutsame Frage: Woher komme ich, wie haben mich meine Wurzeln bestimmt? Wer bin ich jetzt? Wohin gehe ich? Wie verändere ich mich? Und das immer im Zusammenspiel mit anderen, aber auch ganz für mich selbst gedacht. Dabei habe ich eine Identität – auf die ich mich beziehen kann. Diese Identität ist aber immer auch in Arbeit, wird immer wieder anders gesehen, aber auch anders erlebt, verändert sich, indem Neues gelebt, Altes abgelegt wird.

Diese Fragen nach der Identität stellen sich in der gegenwärtigen Zeit ganz besonders. Ich finde, unsere Welt ist quecksilbrig-unbeständig geworden, und das ist eine Herausforderung. Wenn die Welt weniger vorhersagbar wird, als sie es eh schon immer war und ist, dann stellt sich die Frage nach einem Orientierungspunkt, auf den man sich verlassen kann, sich verlassen können muss, und das ist die eigene Identität, ein Gefühl für ein eigenes Selbst im Zusammensein mit anderen, das ist die Erfahrung von Zugehörigkeit zu anderen Menschen. Nun war es wohl zu allen Zeiten eine Herausforderung, immer wieder neu zu wissen, wer man denn eigentlich ist – heute scheint es mir auf jeden Fall besonders herausfordernd zu sein.

Um mit einigen Schlagwörtern zu operieren: Durch die Ökonomisierung wird das in den Mittelpunkt gestellt, was sich rechnet. Effizienzsteigerung, Maximierung, Optimierung sind Schlagwörter. Rechnet sich die Suche nach der eigenen Identität? Psychologisch auf jeden Fall – aber dies ist nicht zunächst in Geld zu bestimmen, sondern in Wohlbefinden. Im Umkreis der Ökonomisierung ist auch nicht so sehr das Finden der eigenen Identität bedeutsam, also die Frage, wer ich bin, wer ich sein kann und sein möchte, sondern es geht um Optimierung: Wie optimiere ich mich? Selbstoptimierer als Prototyp des modernen Menschen? Menschliche Beziehungen, wenn sie denn noch wichtig sind, könnten dann unter dem Aspekt eines berechenbaren »Nutzens« gesehen werden, natürlich auch die Entwicklung der menschlichen Identität, falls man sich etwas ganzheitlicher doch noch dafür interessiert. Verbunden mit der Ökonomisierung ist die Beschleunigung: Alles soll schnell sein, wenn möglich noch schneller. Vieles kann ja auch schneller gemacht werden – aber die Suche nach der eigenen Identität braucht immer wieder Zeit für Selbstbesinnung, Selbstzweifel, Selbstreflexion, erlebte Veränderung und für neue Entschlossenheit.

Wenn alles mit allem in der Welt zusammenhängt und sich wechselseitig auch beeinflusst – diese Idee ist ja auch faszinierend, weil auch die Psyche und Beziehungssysteme der Menschen psychologisch so funktionieren –, stellt sich natürlich die Frage: Wo ist ein ruhiger Punkt, wo bin ich gegründet, wo bin ich verortet? Wo gehöre ich eigentlich hin, von wo aus spiele ich mit in dieser Dynamik? Da ist wieder die Frage nach mir, nach Heimat, nach Heimaten, nach engerer Zugehörigkeit. Bei der digitalen Revolution, die wohl schon voll im Gange ist, wissen wir noch gar nicht so richtig, was sie mit uns machen wird, wie sie unser Leben verändern wird, wir wissen aber, *dass* sie unser Leben entscheidend verändert. Denken wir nur daran, dass »das Netz« nichts vergisst; das heißt, dass Menschen nicht mehr neu anfangen können. Ein immer wieder möglicher Neuanfang gehört aber zum Verständnis des Menschen von sich selbst. Auch wenn man etwas Unrechtes getan hat, man kann wieder neu anfangen. Man kann sich versöhnen und vergessen, was war. Neu anfangen. Das Netz aber vergisst nichts – so sagt man uns wenigstens heute. Und: Hat man dem Netz genug Daten von sich anvertraut, kann man schon heute das Netz fragen, wer man ist, so wie das Netz sich ja durchaus um Selbstoptimierung kümmert und einem diese auch bestätigt! Und einem ja auch sagt, wofür man sich interessiert. Algorithmen statt Identität? Oder Identität verstanden als die Summe aller Algorithmen? Wollen wir uns so verstehen? Wir müssen zu diesen Entwicklungen eine Haltung finden, und die könnte in der Inschrift »Erkenne dich selbst« am Apollotempel des Orakels von Delphi liegen, einer Aufforderung nach Wahrnehmung von sich selbst, auch im Gefühl, der Selbstreflexion. Und das wäre eine Aufforderung zur immer wieder möglichen und nötigen Bewusstheit von Identität.

Aber die Welt scheint auch darüber hinaus noch etwas aus den Fugen geraten zu sein: Die Wahrheit scheint verhandelbar zu sein, Fake News sind an der Tagesordnung. Eine Verrohung im Umgang miteinander setzt ein, dadurch geht Vertrauen, das als sozialer Kitt grundlegend wichtig ist, verloren, und mir scheint, die Demokratie wird mutwillig aufs Spiel gesetzt und damit auch die Freiheit der Menschen. Der Umgang mit der Not der Geflüchteten fordert weiter heraus; die Fremden und das Fremde werden plötzlich mehrheitlich als Bedrohung des Eigenen gesehen. Ist es möglich, das Eigene schärfer herauszuarbeiten, um aus einer sicheren Identität heraus offener sein zu können zu dem Fremden und den Fremden hin, und somit fähiger zu werden, die Probleme konstruktiver anzugehen? Herausforderungen über Herausforderungen. Und dazu kommt, dass viele haltende Strukturen – wie etwa die selbstverständliche Beheimatung in der Kirche – für viele weggebrochen sind.

Worauf kann man sich verlassen?

Das Projekt der Moderne war das Projekt der Freiheit: Der Mensch sollte sich aus überkommenen Bindungen befreien, indem diese kritisch hinterfragt werden: Soll ich wirklich noch so denken wie meine Vorfahren, oder soll ich in Betracht ziehen, was neu herausgefunden worden ist? Diese Ideen gehen zurück auf Immanuel Kant und seine Forderung, sich seines eigenen Verstandes zu bedienen. Dazu braucht es Freiheit.[24]

Aus diesem Projekt der Freiheit stammt dann der Ausdruck der »eigenverantwortlichen Selbstverwirklichung«. Das sei heute zu einer Überforderung geworden, meint Alain Ehrenberg, ein französischer Philosoph. Denn: Welchen Normen und Regeln soll man sich unterziehen, wenn diese sich ständig ändern? Ehrenberg sieht in der Depression »die Pathologie eines verantwortlichen Individuums, das sich vom Gesetz der Väter und den alten Gehorsams- und Konformitätssystemen befreit hat«[25]. Gerade in der Depression zeigt sich, nach Ehrenberg, dass die Kehrseite der vielen Möglichkeiten der Stillstand ist. In einer Welt, in der grundsätzlich alles möglich zu sein scheint, ist plötzlich nichts mehr möglich.

Die Frage ist, worauf wir uns in dieser Welt verlassen können, verlassen wollen, worauf wir vertrauen, wo für uns »sichere Orte« sind. Wenn wir auflisten, was uns alles schwierig erscheint in der heutigen Welt, dann verschlägt es einem den Atem, man wird geradezu etwas paranoid. Wir dürfen aber nicht vergessen: Viele von uns leben durchaus recht gut mit all diesen Herausforderungen, haben tragende Beziehungen, haben einen Ort im Leben, von dem aus sie sich mehr oder weniger offen mit all diesen Herausforderungen befassen können, sich dennoch des Lebens freuen und sich entwickeln. Vergessen wir das, dann sehen wir uns rasch in der Position eines Opfers, Opfers der Umstände, in denen wir leben. »Opfersein« ist natürlich auch eine Identität, aber kaum eine, die wir schätzen.

Sich verlassen auf zuverlässige Beziehungen

Eine sichere Identitätsentwicklung, die nicht – oder nur vorübergehend – zum Stillstand kommt, gilt in tiefenpsychologischer Sicht als eine Voraussetzung und Grundlage für zuverlässige Beziehungen. Und Beziehungen, auf die man sich verlassen kann, brauchen wir in einer als unsicher erlebten Welt. Das gilt grundsätzlich für Situationen, die Angst auslösen. Auch bei einer alltäglichen Angst, wenn wir uns hilflos und unangenehm erregt fühlen, suchen wir einen anderen Menschen oder andere Menschen, die in dieser Situation weniger hilflos sind. Schon wenn uns nur einfällt, an wen wir uns wenden können, fühlen wir uns entängstigt, umso mehr, wenn ein anderer Mensch uns zum Sprechen über das Bedrohliche bringt, wenn er mitfühlt und vermittelt, dass es bestimmt einen Weg zur Bewältigung oder zum Aushalten gibt.

Zuverlässige Beziehungen, sich mit anderen Menschen, die ähnlich denken und fühlen, zusammenzuschließen, darauf zu vertrauen, dass daraus Einfälle entstehen können – schöpferische Einfälle, die man eben noch nicht sieht –, das sind wichtige Möglichkeiten in Zeiten, in denen das eigene Leben oder auch das Leben von vielen Menschen unsicher ist oder unsicher zu werden droht. Und das machen wir auch so: Wir sind in verschiedenen Gruppierungen und fühlen uns dann wohl, wenn wir einander vertrauen, wenn wir auch wissen, dass man – in Maßen natürlich – füreinander einstehen würde.

Kontinuität und Kohärenz

Wenn wir davon sprechen, dass ein Mensch eine hinreichend sichere Identität hat, dann sprechen wir von einer gefestigten Persönlichkeit im Werden. Gefestigt: auch wenn härtere Zeiten kommen, wenn das Leben schwierig ist, man sich davon betreffen lässt, auch einmal aus dem Gleichgewicht gerät, aber auch wieder das Gleichgewicht findet, wieder darauf vertraut, dass man selbstwirksam sein kann, Selbstvertrauen wieder spürt, ein hinreichend gutes Selbstwertgefühl wieder entwickelt – und das alles in Beziehung zu anderen Menschen. Das ist aber geradezu schon der Ausdruck davon, dass dieser Mensch immer wieder die Anforderungen an die Entwicklung zur Identität angenommen hat. Zu dieser Persönlichkeit im Werden gehört – und das ist auch ein Aspekt der Beziehungen – die Frage des Dazugehörens, immer auch wieder in sozialen Kontexten zu sein. Einige davon sind die Basis unserer Identität: Wo komme ich her? Was hat mich von meiner Herkunft her geprägt? Aber auch: Wo verorte ich mich jetzt, was ist mir heute Heimat? Und damit auch immer: Und was verlasse ich? Das Finden der eigenen Persönlichkeit – das Finden unserer Identität und vielleicht auch das Erfinden unserer Identität – ist immer in Arbeit. Körper und Psyche verändern sich, Beziehungen verändern sich, die Welt verändert sich. Das kann sich langsam und kontinuierlich abspielen oder krisenhaft, in Einbrüchen von Schicksal. Wir wandeln uns, verändern uns – und bleiben dennoch auch dieselben.

Identität kann verstanden werden unter der Perspektive der Kontinuität: Wir verändern uns, wir entwickeln uns – Identitätsentwicklung meint auch, immer mehr in Einklang zu kommen mit unseren Möglichkeiten und Grenzen in Beziehung zu anderen Menschen und zur Welt, und wir bleiben dennoch auch dieselben. Alle diese Wandlungen betreffen mich – und wir können unser Leben erzählen, unsere Autobiographie, als Beleg für unsere Identität anhand von wichtigen Erfahrungen, die wir in einer Kontinuität erzählen, so dass der Eindruck entsteht, dass das Eine aus dem Anderen entstanden ist. Und diese Erfahrung der Kontinuität ist für das Selbsterleben, aber auch für unser Gesehenwerden von außen, von großer Bedeutung. Sich selber zu erleben als ein Individuum, das sich als eine gewordene Einheit erlebt, psychisch als wenig störbar von inneren und äußeren Einflüssen, dabei einmalig – und dennoch ein Mensch wie alle anderen auch. Das heißt aber auch, dass wir

Gegensätze in unserer Psyche, Verschiedenheiten, verschiedene Werthaltungen etwa, als uns zugehörig empfinden, manchmal im Sinne einer Synthese, manchmal im Sinne von Divergenzen. Auch das macht uns aus, gibt uns die Überzeugung, in unserer Identität auch kohärent zu sein. So kann jemand Freiheit für einen großen Wert halten und dennoch alles unter Kontrolle halten wollen. Beides ist dann wahr und gehört zu dieser Persönlichkeit. Wir können verschiedene Aspekte unserer Persönlichkeit, die sich eigentlich widersprechen, nebeneinander stehen lassen.

Einmalig: Wir alle haben unser eigenes Schicksal, unseren je besonderen Körper, unsere Herkunft, leben in bestimmten Kontexten – wie alle anderen Menschen auch. Wenn wir vergessen, dass wir auch einzigartig sind, verstehen wir uns als Kollektivwesen Mensch. Vergessen wir umgekehrt, dass wir so sind wie alle anderen, ein vergleichbares Schicksal haben, vergleichbare Wünsche, Sorgen, Träume, dann werden wir hybrid. Aber in meiner Einmaligkeit unterscheide ich mich vom anderen Menschen: Ich bin anders als der Andere oder die Andere. Und das darf ich auch sein. Die Anderen dürfen auch anders sein als ich oder als ich denke: Vielfalt der Identitäten ist angelegt, Vielfalt der Lebensentwürfe ist die Folge davon und macht das Leben reich.

Das Dilemma

Der Brockhaus definiert die Identität als »die Erfahrung eines Individuums, eine einzigartige, psychisch weitgehend stabile und von inneren oder äußeren Veränderungen unabhängige Einheit zu sein. Das Bewusstsein der eigenen Identität beinhaltet also, dass man sich als Individuum erlebt und darin eine andere Person als die Anderen, und auch, dass man die Gegensätze und Verschiedenheiten innerhalb der eigenen Person zu einer Synthese bringt.«[26]

Der Begriff der Identität wird in den Sozialwissenschaften schon länger auf den Prüfstand gestellt. Soziologen überlegen, ob man in einer posttraditionalen Gesellschaft überhaupt noch von einer Identität sprechen könne, und wenn, wie diese zu benennen wäre. Der Identitätsdiskurs von Heiner Keupp[27] ist in Verbindung mit der soziologischen Gegenwartsdiagnose der Achtzigerjahre von Ulrich Beck[28] zu sehen: Das Subjekt löst sich von vorgegebenen traditionellen Rollen, von einer vorgegebenen Biographie, wie sie etwa in einer Familie üblich war oder wie sie üblich war für eine Frau oder einen Mann. Die religiösen Systeme geben nur noch wenigen einen Orientierungsrahmen, und deshalb muss der Mensch sich entscheiden, ein Einzelner zu sein, seine Identität selber entwerfen, immer wieder neu. Keupp hat den Begriff der »Patchworkidentität« eingeführt, ein Begriff, der sich etabliert hat. Die klassischen Patchworkmuster, geometrische Formen, die sich gleichmäßig wiederholen, entsprechen dem klassischen Identitätsbegriff. Der »Crazy Quilt« besteht aus beliebigen Verknüpfungen von Farben und Formen, im Herstellen eines solchen »Fleckerlteppichs« (Keupp) kann sich Kreativität ausdrücken.

Identitätsarbeit, Identitätsbildung heute, so Keupp, hat viel mit der Herstellung eines »Crazy Quilt« zu tun. Es geht also nicht darum, dass Identität an sich verloren ginge, sondern verloren geht jene Form der Identität, die wie der klassische Quilt vorhersehbar und geordnet ist. Nicht ein Verlust der Mitte, so Keupp, ist festzustellen, kein Zerfall der Identität, sondern ein Zugewinn an kreativen Gestaltungsmöglichkeiten. Auch ein solcher »Crazy Quilt« hat eine innere Kohärenz als Folge eines kreativen Prozesses. Die Vielgestaltigkeit der Rollen, die der heutige Mensch leben muss, das sich Einstellen auf rasche Veränderungen, etwa im Beruf, in den Beziehungen, wird heute nicht als gesundheitsbedrohend, sondern als gesundheitsfördernd eingestuft. Peggy Thoits[29] fand in mehreren Untersuchungen heraus, dass multiple Rollenengagements die Ressourcen einer Person stimulieren und dass dadurch sowohl das Selbstwertgefühl als auch das Gefühl der existenziellen Sicherheit erhöht wird. Die flexible Identität erfordert zwar immer wieder neue Anpassung an neue Lebenssituationen und Anforderungen, ohne Landkarten. Doch gefragt ist auch in ihr nicht der Mensch ohne Mitte und ohne Kohärenz, sondern der Mensch, der an seiner Identität arbeitet und der trotz vielfältiger Rollen, vielfältiger, sich auch widersprechender Ansprüche, trotz eines rasch sich verändernden Beziehungsnetzes immer wieder ein Gefühl der Identität herstellen und diese auch kommunizieren kann.

Ich bin, wie ich gesehen werde, oder: Ich werde gesehen, also bin ich

Bei dieser Sichtweise auf die Identität geht es nicht um einen Kern, oder wenn, dann ist er nicht wichtig: Es kommt vielmehr darauf an, gesehen zu werden, ansehnlich zu sein. Das ist die Wendung hin zum schönen fitten Körper, der auch gesehen werden muss, der gezeigt werden muss. Vielleicht ein Grund für die vielen Selfies, die man den Mitmenschen schickt? Es ist, als wollte man sich immer wieder der eigenen Existenz versichern, sich aber auch immer wieder in vielen Lebenszusammenhängen zeigen. Dass diese Fotos gebraucht, manipuliert werden können, daran denkt man nicht, oder es ist einem egal: Ein Aspekt der eigenen Identität wird so veräußert, aber dadurch auch zurückgespiegelt: So, wie mich die Anderen sehen, bin ich. Und wo bleibt der Kern?

Wie inszeniere ich mich in einem bestimmten sozialen Zusammenhang? Möglicherweise ist das eine Folge der Mediengesellschaft: Zum einen geben uns die Medien sehr viele Modelle, wie man sich darstellen kann, zum anderen nötigen sie uns auch, uns zu inszenieren – und, man kann sich auch sichtbar machen. Man ist dann eine »Marke« – und damit auch im Trend der Ökonomisierung. Am Körper kann man natürlich vieles von unserem Wesen und auch teilweise von unserer Lebensgeschichte sehen, heute ganz besonders, wenn wir uns die Tätowierungen ansehen: Was früher allenfalls im Tagebuch festgehalten worden ist, wichtige Liebeserfahrungen, Menschen, für die man geschwärmt hat, tragen viele heute auf der Haut – lesbar für alle, die es lesen wollen. Wäre dieses »Ich bin, wie ich gesehen werde« – mit dem Anspruch auf Ansehnlichkeit – wirklich das Hauptthema der gegenwärtigen Identitätsbestimmung, dann hätte man es schwer mit dem Älterwerden, da müsste man jung und schön bleiben oder Schönheit so definieren, dass es auch eine Altersschönheit gibt. Aber so ausschließlich gesehen, fehlt dieser Sicht auf die Identität das Innenleben, die Innerlichkeit, die Authentizität. Man wäre ganz und gar dem Zeitgeist mit seiner jeweiligen Definition von »ansehnlich« ausgeliefert.

In Inszenierungen von Künstlerinnen und Künstlern wird dieses Thema kritisch aufgegriffen und spielerisch demaskiert, so etwa von Cindy Sherman. Mit ihren Inszenierungen verfolgt sie die Absicht der künstlerischen »Demaskierung der gesellschaftlichen Maskenbildnerei von Identitätszwangsjacken für die sogenannte ›Frau‹.«[30] Gesellschaftliche Maskenbildnerei als Rollenzwang und damit auch Personazwang wird durch diese Künstlerin in Frage gestellt, und gleichzeitig wird in neuen Inszenierungen demonstriert, dass man sich diesem Zwang nicht unterwerfen muss.

Und dennoch: ein Kern

Wir Menschen haben in der Regel ein Gefühl für so etwas wie den »Kern« unserer Persönlichkeit – erlebbar in unserer Gefühlswelt und in unserer Erfahrung der Abgrenzung zu anderen: Ich und der Andere, ich und die Andere.

Vergegenwärtigen wir uns unser Leben, dann erscheint es uns nicht beliebig, nicht bloß abhängig davon, wie andere uns gerade sehen, sondern wir erleben verschiedene Aspekte unserer Biographie in einem Zusammenhang: Diese Erfahrungen kennzeichnen mich als Person, geben mir auch das Gefühl, eine mit sich selbst – trotz aller Veränderungen – identische Person zu sein. Und sogar dann, wenn wir für unseren Geschmack unpassende Erfahrungen in der Biographie haben, Erfahrungen, die wir lieber streichen würden, verstehen wir es meistens, diese doch noch in die Kontinuität der Biographie einzupassen. Auch Brüche in der Biographie, wie etwa ein Karriereknick, werden als zur eigenen Biographie zugehörig erlebt und als identitätsrelevante Erzählungen eingepasst, und nicht selten hat man den Eindruck, dass durch das Erzählen diese Brüche auch immer mehr verarbeitet werden und sich immer besser einpassen lassen. Natürlich kann man über die Brüche auch schweigen. Aber auch die verschwiegenen Brüche sind nur verschwiegen für die Autobiographie, die man erzählt, aber nicht für die, die als die eigene erlebt wird.

In der autobiographischen Erzählung spüren wir unser innerstes Wesen, sie ist so etwas wie eine »Kerngeschichte« über uns. Und dieser Kern beginnt bei den Wurzeln, der Herkunft. Diese ersten Wurzeln sind nicht beliebig, sie sind Fakten, die hinzunehmen sind: Wir sind in eine Familie hineingeboren, die an einem bestimmten Ort gelebt hat. Das kann eine althergebrachte Verwurzelung sein – da haben schon Großeltern am selben Ort gewohnt –, es kann aber auch eine dynamischere Verwurzelung sein: immer wieder entwurzelt worden zu sein und sich wieder neu verwurzelt zu haben. Manche Menschen haben eine Heimat, die meisten aber haben viele Heimaten, wobei dann eine von ihnen am ehesten als »die« Heimat erlebt wird. Ich werde darauf zurückkommen. Zum Kern gehört auch das, von dem ich denke, dass ich es »geerbt« habe, etwa ein Temperament, die emotionale Ausstattung, Körpermerkmale oder Phantasien über die Genetik.

Identität entwickelt sich im Dazwischen

Identität entwickelt sich in Beziehungen, zwischen Ich und Du, zwischen mir und dem Anderen, zwischen mir als Person mit meiner Biographie in Beziehung zur Außenwelt, der Welt der Anderen, der Natur, der Kultur, und in Beziehung zur Innenwelt, unseren Träumen und Phantasien, unseren Geschichten, die wir erzählen und mit denen wir unsere Identität belegen.

Entwicklungspsychologisch gesehen ist es so, dass wahrscheinlich schon die Phantasien, die werdende Mütter und Väter haben, das intrauterine Werden des Kindes prägen. Dann geboren, geht es um den freundlichen, liebevollen Blick: Das Kind bringt etwas mit und wird mit alldem, was es mitbringt, gesehen, angesehen – freudig, freundlich, hoffentlich, vielleicht auch gleichgültig, ablehnend. Wenn freundlich, hat das Kind das noch verkörperte Gefühl, ansehnlich, liebenswert zu sein, das Lebensgefühl, dazuzugehören, aufgehoben zu sein, Vertrauen haben zu können zu dieser Welt und den Menschen. Wenn es keinen freundlich-liebevollen Blick gab, sucht man als Erwachsener lange den liebevollen, anerkennenden Blick in den Beziehungen – und kann den durchaus auch immer wieder finden. Wahrgenommen, angenommen, erkannt und anerkannt zu werden – das entnehmen wir unter anderem dem freundlichen Blick des Anderen.

Identität wird in Beziehungen gelernt. Es ist immer: Ich und der Andere, ich und die Andere. Das unterstreichen verschiedene Entwicklungstheorien, etwa die von Daniel Stern[31]. Stern hat nicht einfach Theorien über Babys entwickelt, sondern diese Babys auch wirklich angeschaut und beobachtet und beobachten lassen, und zwar nicht nur die Babys selbst, sondern zusammen mit den Müttern. Von ihm stammt eine breit akzeptierte Theorie, dass es von Anfang an das Kind und die Mutter und das Kind und der Vater als Einheiten zu betrachten gilt, die man in Beziehungsinteraktionen beobachten kann. Diese Beziehungsinteraktionen werden dann von den Babys verinnerlicht und gelten als Modell für spätere Beziehungen. Von Anfang an sind wir also auf Beziehung angelegt, und im Laufe ihrer Entwicklung lernen die Kinder auch zwischen sich selbst und dem Anderen zu unterscheiden.

Affekte, Affektregulation und der freundliche Blick

Wie wird aus dem Baby einmal ein selbstbewusster Mensch, ein Mensch, dem eine einigermaßen sichere Identitätsentwicklung möglich ist? Wichtige Aspekte – unter vielen – sind die Beziehung zu den Affekten, die Affektregulation und der freundliche Blick.

Wir Menschen haben Emotionen und wahrgenommene Emotionen: die Gefühle. Wir alle haben diese Gefühle, die uns auch Orientierung im Leben geben. Der amerikanische Neurowissenschaftler Jaak Panksepp[32] hat bei Tieren Grundemotionssysteme nachgewiesen, von denen er denkt, dass auch wir Menschen sie haben – als Grundlage unseres Lebendigseins. Unsere Emotionen und Gefühle sind vielfältig miteinander verwoben, ergeben das jeweils aktuelle Konzert unserer Seele. Diese Grundemotionssysteme teilen Menschen mit den Tieren. Es geht dabei um Angst, Ärger/Wut, Trauer, Freude, Interesse, Fürsorge, Spiel. Emotionen erleben wir körperlich, und in der Auseinandersetzung mit der Welt, mit anderen Menschen, können wir sie benennen, sie werden Gefühle, und vielleicht kann man dann auch die damit verbundenen Vorstellungen und Bilder – etwa von Angreifern, von Schutz, von Flüchten – wahrnehmen und reflektieren. Es ist dann also nicht mehr »Bauchweh«, wenn man Angst hat, sondern irgendwann gibt es dann deutlich wahrnehmbare Befürchtungen, Angst, und daraus entwickelt sich auch die Abschätzung, wie realistisch es ist, dass das Befürchtete eintritt.

Diese Emotionen sind sehr wichtig für die Orientierung im alltäglichen Leben. Immer wieder wird heute gefragt, was denn eigentlich in unserer Welt noch Orientierung geben kann. Das sind die Gefühle. Das ist das, was in uns selbst zunächst biologisch angelegt ist, in Form von Emotionen und Gefühlen. So sagt uns etwa die Angst: Pass auf, schütz dich! Die Freude: Lass dich nieder! Alles ist gut, lass dich auf die Anderen ein, da kann man miteinander etwas machen. Ärger bringt uns dazu, zu kämpfen, für sich selber einzustehen. Wenn wir Zugang haben zu unseren Emotionen, zu unseren Gefühlen, dann geben sie uns eine gute Orientierung, wie wir mit dieser Welt – in der so vieles unübersichtlich ist – umgehen können.

Für mich sind Emotionen und die damit verbundenen Gefühle auch die Basis der Identität. Und diese Gefühle können wir wahrnehmen und dann auch benennen, wenn wir Beziehungspersonen hatten – Mütter, Väter, Geschwister usw. –, die uns geholfen haben, zunächst unsere Emotionen wahrzunehmen und zu regulieren. Denken wir an ein schreiendes Kind: Das Kind selber kann die Emotion nicht regulieren, aber die Beziehungspersonen können es. Mütter oder Väter sind dann »gut«, wenn sie ihr Kind beruhigen können. Die Mutter kann das natürlich unter Umständen auch mit der Milch machen, mit Nahrung. Aber eine feinfühlige Beziehungsperson wird auch beruhigen, indem sie mit dem Kind beruhigend spricht, das Kind in den Arm nimmt, es streichelt. Wir wissen, dass dann Oxytocin, das beruhigende Bindungshormon, ausgeschüttet wird. Wenn Beziehungspersonen mit aufgeregten Kindern sprechen, tun sie dies in einer ruhigen Weise. Sprechen sie mit gelangweilten, uninteressierten Kindern, dann wird die Stimme eher erhoben. So werden die Emotionen der Babys reguliert, und so wird Emotionsregulierung vom Kind auch gelernt – im Verlauf der Erziehung. Je besser man die Emotionen und Gefühle regulieren kann, desto weniger ängstigen sie uns, desto weniger werden wir sie verdrängen, desto mehr haben wir Zugang zum ganzen Konzert der möglichen Emotionen, sind auch entsprechend orientiert und hinreichend selbstsicher.

Es ist heute erwiesen, dass die therapeutische Beziehung eine zentrale Rolle für den Erfolg einer Psychotherapie einnimmt. In der therapeutischen Beziehung wird der Mensch gesehen, bekommt er eine Antwort, wird ihm geholfen, Emotionen wahrzunehmen und zu regulieren, verbunden mit einem freundlichen Blick. Menschen brauchen Antwort auf ihre

Fragen, die sie gelegentlich erst einmal kennenlernen müssen; Antworten auf existenzielle Fragen versichern sie in ihrer Identität.

Affektregulierung, Affektabstimmung in der Beziehung und im freundlichen Blick zu wichtigen Bezugspersonen ist eine wesentliche Grundlage für eine hinreichend gute Identitätsentwicklung und damit verbunden für ein hinreichend gutes Selbstwertgefühl, das sich in einem gesunden Selbstvertrauen zeigen kann, aber auch in der Überzeugung, im eigenen Leben etwas für sich und für andere bewirken zu können, selbstwirksam zu sein. Gerade der freundliche Blick, der Anderen, aber auch von uns selbst auf uns und unser Leben, fördert ein gutes Selbstgefühl: Wir haben dann den Eindruck, gesehen zu werden, überhaupt zu sein.

Der Blick des Anderen und die Zuschreibung

Zuschreibungen können aber auch schwierig sein und eine große Wirkung haben. Der Schweizer Schriftsteller Max Frisch (1911–1991) hat in seinem Tagebuch 1946–1949 geschrieben: »In gewissem Grad sind wir wirklich das Wesen, das die andern in uns hineinsehen, Freunde wie Feinde. Und umgekehrt! Auch wir sind die Verfasser der andern; wir sind auf eine heimliche und unentrinnbare Weise verantwortlich für das Gesicht, das sie uns zeigen, verantwortlich nicht für ihre Anlage, aber für die Ausschöpfung dieser Anlage.«[33] Im Blick des Anderen werden wir tatsächlich so, wie wir gesehen werden, und umgekehrt erschaffen auch wir die Anderen mit unserem Blick. Insofern sind wir daran beteiligt, welche Seiten Menschen in sich selber entwickeln können, aber auch, welche Seiten sie uns zeigen. Wir kennen das alte Sprichwort: Wie man in den Wald hineinruft, so tönt es heraus … Denn Menschen identifizieren sich mit den Zuschreibungen. Diese helfen uns, unter den verschiedenen Möglichkeiten, die wir sein können, eine Richtung zu finden. Zudem fühlen wir uns den Anderen mehr zugehörig, wenn wir erfüllen, was sie von uns denken.

Diese große Einflussnahme der Zuschreibungen auf die Identität eines anderen Menschen mutet in ihrer Macht geradezu unheimlich an. Sie fordert dazu heraus, darüber zu reflektieren, was wir in andere hineinzusehen bereit sind, und umgekehrt uns als Empfänger von solchen Zuschreibungen immer wieder zu fragen, ob die Zuschreibung mit unserem Wesen übereinstimmt.

Als Max Frisch den obigen Eintrag in sein Tagebuch schrieb, arbeitete er etwa gleichzeitig an dem Theaterstück *Andorra,* in dem er diese Idee, dass wir die heimlichen Verfasser der Anderen sind, ausführt:

Ein Lehrer aus Andorra hat eine Liebesbeziehung mit einer Frau, die zu den sogenannten Schwarzen gehört, einem mächtigen Nachbarvolk der Andorraner, das Juden tötet. Mit dieser Frau zusammen hat er ein Kind. Der Lehrer nimmt dieses Kind mit sich nach Andorra, um es zu retten, und sagt in Andorra, es wäre ein Judenkind, das er vor dem sicheren Tod gerettet habe. Der Junge, Andri, gilt fortan in Andorra als Jude. Und alle sagen: »Das ist ein Jud.«

In diesem Theaterstück führt Frisch in der ganzen Konsequenz aus, was er in knapper Weise als Idee in seinem Tagebuch skizzierte: dass Zuschreibungen Identität erschaffen. So lässt er Andri sagen:

> Seit ich höre, hat man mir gesagt, ich sei anders, und ich habe geachtet drauf, ob es so ist, wie sie sagen. [Er spricht mit dem Pfarrer, V. K.] Und es ist so, Hochwürden: Ich bin anders. Man hat mir gesagt, wie meinesgleichen sich bewege, nämlich so und so, und ich bin vor den Spiegel getreten fast jeden Abend. Sie haben recht: Ich bewege mich so und so. Ich kann nicht anders. Und ich habe geachtet auch darauf, ob's wahr ist, dass ich alleweil denke ans Geld, wenn die Andorraner mich beobachten und denken, jetzt denke ich ans Geld, und sie haben abermals recht: Ich denke alleweil ans Geld. Es ist so. Und ich habe

kein Gemüt, ich hab's versucht, aber vergeblich. Ich habe kein Gemüt, sondern Angst. Und man hat mir gesagt, meinesgleichen ist feig. Auch darauf habe ich geachtet. Viele sind feig, aber ich weiß es, wenn ich feig bin. Ich wollte es nicht wahrhaben, was sie mir sagten, aber es ist so. Sie haben mich mit Stiefeln getreten, und es ist so, wie sie sagen: Ich fühle nicht wie sie. Und ich habe keine Heimat. Hochwürden haben gesagt, man muss das annehmen, und ich hab's angenommen. Jetzt ist es an Euch, Hochwürden, Euren Jud anzunehmen.[34]

Dieses Theaterstück hat wieder eine beklemmende Aktualität bekommen, wenn wir überlegen, welche Zuschreibungen wir fremden Menschen heute verpassen. Wie kam Frisch dazu, diesen Blick so zu thematisieren? Sicher: Es geht ihm in seinen Schriften immer um Identität. Und dann hat er wohl gut beobachtet: Wenn man den Menschen lange genug einredet, dass sie das und das sind, dann identifizieren sie sich auch damit, besonders wenn die Aussagen von Autoritäten gemacht worden sind. Vielleicht sind wir nicht mehr ganz so autoritätsgläubig wie die Menschen 1945/1946. Vielleicht.

Was Frisch in *Andorra* beschreibt, ist gespenstisch und wendet den Blick zusätzlich auf die Gesellschaft, zu der wir ja immer auch gehören. Es ist ja nicht nur so, dass uns in unserem Privatleben Eigentümlichkeiten, Identitätsmerkmale, Selbstkonzepte zugeschrieben werden, sondern wir bekommen solche Zuschreibungen auch im gesellschaftlichen Kontext, manchmal als Einzelne oder Einzelner, manchmal auch als Gruppe, zu der man gehört. Das wird besonders dann auffällig und schwierig, wenn »wir« und »die Anderen« zu sehr unterschieden werden. Wir haben entwicklungspsychologisch festgestellt: Identität entsteht auch aus dem Vergleich mit anderen: In diesem Punkt sind wir gleich, aber hier sind wir auch verschieden, und im schlechteren Fall ist man besser oder schlechter.

Diese Art des Vergleichs geschieht auch im gesellschaftlichen Kontext. Da geht es dann sehr vereinfachend plötzlich nur noch um Identität und Differenz: Die Einen gehören dazu, die

Anderen nicht, und meistens ist damit auch eine implizite Wertung verbunden: Die Einen sind besser, die Anderen schlechter. Identität und Differenz in Bezug auf Herkunft, auf Hautfarbe, auf Geschlecht, auf sexuelle Orientierung, auf Kaufkraft werden heute immer wieder betont. Dabei wird in diesen Debatten sehr einfach getrennt zwischen Identität und Nicht-Identität, zwischen Identität und Differenz. Damit spricht man den Menschen die Vielstimmigkeit ab, sieht nicht die vielen Möglichkeiten, keine Offenheit, keine Vielfalt. Was anders ist, wird ausgegrenzt. Es geht ums Dazugehören und Nichtdazugehören. Und Ausgrenzung ist schnell mit Gewaltanwendung verbunden, die, die nicht dazugehören, sollen verschwinden. Dieses Denken ist gefährlich: Da gibt es plötzlich richtige Schweizer, oder Deutsche, oder Österreicher, und wenn es richtige gibt, dann muss es auch »falsche« geben. Und implizit ist auch mitgemeint, wie denn ein »richtiger Schweizer« oder eine »richtige Schweizerin« zu sein hat – eine fatale Identitätszuschreibung. Und dann gibt es natürlich noch die Schweizer und die Nichtschweizer – eine normale Identitätsbestimmung, wenn nicht unterschwellig Wertungen damit verbunden sind, die uns meistens nicht bewusst sind.

Diese Zuschreibungen, besonders dann, wenn sie mit Ausgrenzung und mit Ideologie verbunden sind, können nicht nur im Leben von Einzelnen, sondern im Leben von ganzen Gruppen einen großen, auch destruktiven, Einfluss haben. Verbunden mit diesen Zuschreibungen sind natürlich Vorurteile, Rassismus und damit Entwertung, Entwürdigung.

Demokratie

Die Anderen sind nicht so wie ich, aber nicht falsch, sondern anders. Wenn wir in einer Demokratie leben wollen – und diese Regierungsform erlaubt dem Einzelnen doch am meisten Freiheit und Lebensqualität, gibt ihm allerdings auch am meisten Verantwortung –, dann ist es wichtig, die Andersheit des Anderen auch zu akzeptieren. Es mag mir gefallen oder nicht gefallen, wie Menschen leben, wie andere Menschen denken, aber es hat jeder das Recht, so zu leben, wie er oder sie leben möchte. Wir können und müssen uns mit Menschen auseinandersetzen, deren Denken uns als gefährlich erscheint, aber wir können es ihnen nicht verbieten.

Noch einmal: Der Andere macht es nicht besser oder schlechter, sondern anders. Wie anders, das ist die Frage. *Wie* macht es der Andere? Das ist auch in der Auseinandersetzung mit anderen Kulturen wichtig. Jede Kultur hat Grundüberzeugungen und auch Verhaltensmuster, die ihr eigen sind. Im Kontakt mit einer fremden Kultur werden diese Muster bewusst, man selbst ist anders – und wird möglicherweise auch in Frage gestellt. Das kann unser Selbstwertgefühl in Frage stellen, wenn es uns nicht gelingt, anderes als genauso wertvoll zu sehen wie das Eigene.

Auch in der Begegnung mit dem einzelnen Fremden ist das fundamental wichtig. Nicht mit der Haltung: Er denkt nicht so wie ich, er fühlt nicht so wie ich (falls man das überhaupt herausfinden kann), sondern sich die Frage stellen: *Wie* macht er das? Wie grüßt er etwa? Wie reagiert sie, wenn sie sich schämt – und wie reagieren wir? Und gleicherweise stellt sich angesichts von Menschen, die einer anderen Kultur angehören, die Frage: Wie machen *wir* es eigentlich? Selbstverständlichkeiten, zum Beispiel unser Grußverhalten, über das wir in der Regel nicht nachdenken, nehmen wir wahr, wenn unser Gruß etwa ins Leere geht. Der oder die andere ist dann nicht notwendigerweise unhöflich, sondern hat andere Sitten und Bräuche.

Wir Menschen können von Natur aus empathisch sein: Wir fühlen, was der Andere oder die Andere fühlt. Das kann dann zu Missverständnissen kommen, wenn der andere Mensch aus einer anderen Kultur kommt oder auch aus der eigenen Kultur und uns dennoch sehr fremd ist. Da hilft nur freundliche Neugier und das Gespräch, und dann wird auch die Einfühlung besser, es gelingt vielleicht sogar, die Perspektive des anderen Menschen zu übernehmen. Durch den Dialog kann sich die

Identität von beiden verändern, beide wissen aber auch, was sie nicht aufzugeben bereit sind und gestehen das auch dem Anderen zu. Das Verstehen des Verhaltens und die Konsequenz daraus sind wichtig.

Durch den Dialog wird auch sichtbar, welche Werte ein anderer Mensch vertritt, was ihm oder ihr wirklich wichtig ist. Mir scheint allerdings, dass wir uns oft zu sehr auf eher abstrakte Werte konzentrieren, die andere Menschen haben, und vergessen, dass es den meisten Menschen darum geht, ein »anständiger Mensch« zu sein. Und ob er oder sie das ist, wird dann immer auch an Grundwerten abgeprüft (ist dieser Mensch freundlich, hilfsbereit, zugewandt, ehrlich, nicht so egoistisch, achtsam …?). Sobald wir aber eine Spaltung machen zwischen »uns und denen«, zwischen Identität und Differenz, und Identität mit »richtig« und Differenz mit »falsch« in Verbindung bringen, werden wir alles, was um uns herum passiert, als falsch, gar als bösartig, als Angriff empfinden, und man igelt sich in der Folge ein. Das bedeutet aber auch, dass die eigene Identität nicht mehr in Arbeit ist. Man hat sich zurückgezogen auf eine Position der Abschottung. Soziales Verhalten und die Entwicklung von unserer Identität stehen in einem Zusammenhang. Da ist dann einer ein richtiger Schweizer, eine andere ist eine Hasserin. Das sind eindeutige, eingeengte Identitäten, die die Menschen, die so denken, davor bewahren, ins Nichts zu fallen, ein Niemand zu sein, Zugehörigkeit zu verlieren. Aber gefährlich sind sie halt trotzdem.

4. Komplexe sind Beziehungsmuster

»Wenn mich jemand von oben herab anspricht, sehe ich Rot« – eine Komplexreaktion

Klaus, 40 Jahre alt, sagt: »Auch wenn ich mir alle Mühe gebe, alle Tricks anwende: Wenn mich jemand von oben herab anspricht, sehe ich Rot, werde ich ausfallend, muss weggehen, um nicht gewalttätig zu werden. Das ist besonders lästig im Umgang mit Amtspersonen, die mich alle von oben herab behandeln.«

Komplexhaft ist bei dieser Erfahrung, dass diese Reaktion immer wieder auftritt, die Wut unverhältnismäßig und nicht unter Kontrolle zu bringen ist. Sie packt ihn dann, wenn ihn jemand »von oben herab anspricht«, wenn er also jemanden als machtbewusst oder mächtig wahrnimmt, und diesem Menschen zuschreibt, ihn absichtlich in die Ohnmacht stoßen zu wollen. Ob das jeweils auch der Realität entspricht, oder eher seiner verzerrten Wahrnehmung, sei dahin gestellt. Wo ein Komplexgebiet berührt wird, wird unsere Wahrnehmung im Sinne des Komplexes eingeengt. Und ähnliche Erfahrungen werden rasch im Sinne des Komplexes gedeutet. Hier greift das Schema: »Es war schon immer so, und es wird auch immer so sein.«

Es ist allerdings kaum anzunehmen, dass in der Realität tatsächlich alle Amtspersonen Klaus von oben herab behandeln. Wer aber unter einem Autoritätskomplex leidet, und um einen solchen handelt es sich hier im weitesten Sinn, wird selbstbewusste Menschen als Autoritäten wahrnehmen. Komplexhaft ist weiter, dass die mit dieser Erfahrung verbundene Emotion »unverhältnismäßig« ist, der jeweiligen Beziehungs- oder Kommunikationssituation nicht angemessen. Es ist eine Überreaktion. Hier zeigt sich ein Lebensproblem – aber auch ein verborgenes Lebensthema? In dem von Komplexen gesteuerten Verhalten finden wir zunächst eher ein Lebensproblem als ein Lebensthema. Aber in den Komplexen, so die Idee von C. G. Jung, der die Komplextheorie entwickelt hat, steckt ein Lebensthema, das auch ein Entwicklungsthema ist und das zu verwirklichen das Leben bereichert.

Komplexe – Energiezentren des psychischen Lebens

Komplexe sind internalisierte, generalisierte konflikthafte Beziehungserfahrungen. Sie sind emotional betont und mit einem bestimmten Beziehungsthema verbunden. Sie sind mehr oder weniger verdrängt. Wird die Emotion oder das Thema im Alltag berührt, konstelliert sich der Komplex: Es kommt entweder zu einer emotionalen Überreaktion oder zu gar keiner Reaktion. Die Wahrnehmung der Welt geschieht im Sinne des Komplexes. (»Alle behandeln mich von oben herab …«) Das Verhalten ist unfrei, durch den Komplex bestimmt und gesteuert, es unterliegt einem Wiederholungszwang.

Jedes affektgeladene Ereignis wird zu einem Komplex. Werden die Themen oder die Emotionen, die mit dem Komplex verbunden sind, angesprochen, dann wird das Gesamte der unbewussten Verknüpfungen aktiviert – in der Jung'schen Psychologie wird dafür der Ausdruck »konstelliert« verwendet – samt der dazugehörenden Emotion aus der ganzen Lebensgeschichte und den daraus resultierenden, stereotyp ablaufenden Abwehrstrategien. Je größer die Emotion und das dazugehörige Bedeutungsassoziationsfeld sind, desto »stärker« ist der Komplex, desto mehr werden andere psychische Anteile, insbesondere der Ichkomplex, in den Hintergrund gedrängt. Man kann die Emotionen in dieser Situation nicht mehr kontrollieren, man kann nicht ruhig über eine Situation nachdenken, sondern reagiert nur noch.

Komplexe und dann auch Komplexepisoden haben eine Vergangenheit, eine emotionale Grundlage. Ein Baby ist vom Anfang des Lebens an – auch intrauterin – den Emotionen und Gefühlen von Mutter und Vater und anderen Beziehungspersonen ausgesetzt, durch Bewegungen, Stimmen, später durch Gesichtsausdrücke, und es gibt für das Baby keine Möglichkeit, sich dem zu entziehen. Das Baby ist infiziert durch die Emotionen der Beziehungspersonen, und das bedeutet, dass die Emotionen, die mit den Komplexepisoden verbunden sind, wie zum Beispiel Angst, existieren, lange bevor Erzählungen zu den Komplexepisoden formuliert werden können, lange bevor jemand von einer Situation erzählen kann, die so große Angst ausgelöst hat, beschämend, kränkend war, lange, bevor die Emotionen versprachlicht oder verbildlicht werden können. Diese frühen Emotionsansteckungen sind die Basis der Komplexreaktionen und haben einen Einfluss auf die Bildung von Komplexen.

Die Komplexe bezeichnen die krisenanfälligen Stellen im Individuum. Sie bewirken einerseits eine Hemmung des Lebens. Dadurch, dass der Mensch nicht der aktuellen Situation angemessen agiert, sondern emotional in stereotyper Weise überreagiert, ist er unfrei in seinem Erleben und Verhalten. In diesen Reaktionen zeigt sich ein gewisser lebensgeschichtlicher Überhang. Durch die Abwehr der damit verbundenen Emotion entstehen stereotype Verhaltens- und Erlebensweisen. In den Komplexen liegen aber auch »Keime neuer Lebensmöglichkeiten«[35]. Es sind Energiezentren, aus denen die Aktivität des psychischen Lebens kommt.

Alle Menschen haben Komplexe – Jung meint allerdings, dass es eher umgekehrt ist und die Komplexe uns haben.[36] In dieser Formulierung wird deutlich, dass die Willensfreiheit dort aufhört, wo das Komplexgebiet beginnt. Oder anders gesagt: Je mehr Emotionen in unseren Komplexen gebunden sind, desto geringer ist unsere Willensfreiheit, wenn diese Komplexe anspringen.[37] Komplexe enthalten eine Tendenz zur Generalisierung: Komplexerfahrungen werden verallgemeinert. »Immer schauen alle Menschen« auf Klaus herab. Dennoch: Komplexe zu haben ist eine »normale Lebenserscheinung«[38], sie sind die »lebendigen Einheiten der unbewussten Psyche«[39].

Das heißt: Komplexe sind in der Sicht von C. G. Jung Ausdruck von Lebensproblemen, in denen zentrale Lebensthemen deutlich werden. Sie sind Ausdruck von Entwicklungsproblemen, von Hemmungsthemen, die auch Entwicklungsthemen sind.

Die Bedeutung von Symbolen

Ein weiterer wesentlicher Punkt, den Jung in seiner Theorie anspricht, ist die Verbindung der Komplexe mit Träumen: »... sie [die Komplexe, V. K.] sind die handelnden Personen unserer Träume ...«[40] und: »Die Traumpsychologie zeigt mit aller nur wünschenswerter Deutlichkeit, wie die Komplexe personifiziert auftreten, wenn kein hemmendes Bewusstsein sie unterdrückt.«[41] Damit ist auch die Verbindung zwischen Komplex und Symbol angesprochen, eine Verbindung, die Jung schon früh sehr wichtig war, zum Beispiel 1916 im Aufsatz »Die transzendente Funktion«[42], in dem er die gefühlsbetonten Inhalte (Komplexe) als Ausgangspunkt für Phantasien, also für Symbolbildungen, bezeichnet. »In der Intensität der affektiven Störung liegt [...] die Energie, welche der Leidende disponibel haben sollte, um den Zustand der verminderten Anpassung zu beheben.«[43] Jede Störung, jedes Problem, enthält also auch eine bestimmte Energie, die zum Einsatz kommen kann. Jung sieht die Psyche schon 1916 als ein sich selbst regulierendes System, ein System, dessen Ziel jeweils ein dynamisches Gleichgewicht ist.

Noch viel deutlicher ist der Zusammenhang von Komplex und Phantasie 1929 in der Schrift »Die Probleme der modernen Psychotherapie«[44] ausgedrückt: »Der Komplex bildet sozusagen eine kleine eingeschlossene Psyche, die [...] eine eigentümliche Phantasietätigkeit entwickelt. Phantasie ist ja überhaupt die Selbsttätigkeit der Seele, die überall da durchbricht, wo die Hemmung durch das Bewusstsein nachlässt oder überhaupt aufhört wie im Schlaf. Im Schlaf erscheint die Phantasie als Traum. Aber auch im Wachen träumen wir unter der Bewusstseinsschwelle weiter und dies ganz besonders vermöge verdrängter oder sonstwie unbewusster Komplexe.«[45] Mit »sonstwie unbewusster Komplexe« meint Jung Inhalte, die sich aus dem Unbewussten konstellieren, die also zunächst noch gar nicht bewusst waren.

Die Keime neuer Lebensmöglichkeiten, die in den Komplexen offenbar werden, diese schöpferischen Keime, zeigen sich dann, wenn die Komplexe nicht verdrängt werden, wenn man sich auf die Stimmung, das Gefühl oder den Affekt konzentriert und dabei die Phantasien, die auftauchen, wahrnimmt und sie ausgestaltet. Sie zeigen sich also letztlich in den Symbolen. Symbole sind sowohl Ausdruck der Komplexe als auch Verarbeitungsstätte der Komplexe. In den Symbolen werden zum einen die Komplexe sichtbar, zum anderen phantasieren sich die Komplexe in den Symbolen sozusagen aus.

Der Hinweis darauf, dass in der affektiven Störung die Energie liege, die der Leidende braucht, ist bedeutsam für die verschiedenen Techniken wie Imagination, Malen, darstellendes Spiel, Sandspiel und andere Techniken, die in der Jung'schen Therapie angewandt werden, um Komplexe bewusster zu machen und damit eine Wandlung zu ermöglichen. Ich will hier aber eine andere Möglichkeit des Umgehens mit Komplexen ins Bewusstsein heben: das Suchen der in ihnen verborgenen Lebensthemen. Um sie auffinden zu können, müssen wir uns zunächst mit dem Entstehen von Komplexen beschäftigen.

Wie entstehen Komplexe?

In einem Vortrag von 1928 spricht Jung über die Entstehung von Komplexen. Er sagt dort: »Er [der Komplex, V. K.] geht offenbar hervor aus dem Zusammenstoß einer Anpassungsforderung mit der besonderen und hinsichtlich der Forderung ungeeigneten Beschaffenheit des Individuums.«[46] Mit dieser Definition wird der Beziehungsaspekt bei der Entstehung des Komplexes ins Zentrum gerückt.

Anschließend an diese abstrakte Definition spricht Jung dann über den Elternkomplex als »erste Manifestation des Zusammenstoßes zwischen der Wirklichkeit und der in dieser Hinsicht ungeeigneten Beschaffenheit des Individuums«[47]. Die Anpassungsforderung geht wohl in der Regel immer von Menschen aus, das heißt also, dass in unseren Komplexen strukturell und emotionell die Beziehungsgeschichten sowohl unserer Kindheit als auch unseres späteren Lebens abgebildet sind.

Im Zusammenhang mit Ergebnissen der Bindungstheorie kann man sicher anfügen: Es ist ein quälender Zusammenstoß in einer Situation, in der ein Kind eine Erfahrung von Bindung gebraucht hätte, eine Erfahrung, dass man sich um es sorgt, ihm hilft, auch wenn es sich gerade so benimmt, wie es die Eltern nicht gern haben. Wo immer Erfahrungen zu Komplexepisoden werden, geht es darum, dass der Mensch verlassen worden ist – in einer Situation der besonderen Herausforderung oder im Zusammenhang mit Forderungen, in denen das Kind fürsorgliche, es unterstützende Beziehungspersonen gebraucht hätte, in denen es sich geliebt gefühlt hätte, auch wenn es etwas gemacht hat, das in den Augen der Beziehungspersonen nicht gut war.

Komplexe können entstehen, solange der Mensch lebt. Die meisten Komplexe, auch die, die später entwickelt werden, verbinden sich allerdings mit früheren Komplexen. Zwei Pole, die in Menschen repräsentiert sind, stoßen zusammen. Es stehen sich also zwei Menschen gegenüber: ein Kind und eine Beziehungsperson. Ich nenne das die beiden Pole des Komplexes: Der Kindpol und der Erwachsenenpol (meistens der Vaterpol, der Mutterpol oder der Geschwisterpol). Weil der Komplex sich aus einem Zusammenstoß mit einer Beziehungsperson formt, kann er sich auch leicht aufspalten. Ist eine Komplexepisode etwa in der analytischen Situation konstelliert, so kann es geschehen, dass sich der Analytiker plötzlich wie die Beziehungsperson der Komplexepisode benimmt, also eine Beziehungsperson der Kindheit darstellt, und der Analysand oder die Analysandin das dazu gehörende Kind. Natürlich ist die Situation dann komplexhaft, möglicherweise sind auch Komplexe des Analytikers oder der Analytikerin angesprochen. Die Beziehungsgeschichte wiederholt sich, ohne dass zunächst eine Veränderung möglich ist. Es erfolgt eine kollusive Aufspaltung des Komplexes.[48]

Komplexepisoden

Das Konzept der Komplexe hat eine große Ähnlichkeit mit dem Konzept der »generalisierten Interaktionsrepräsentationen«, den sogenannten RIGs (*Representations of Interactions that have been Generalized*)[49], das Daniel Stern entwickelt hat. Stern geht dabei vom »Episodengedächtnis« aus, das Tulving als Erinnerung an reale Erlebnisse und Erfahrungen beschrieben hat.[50] Diese erinnerten Episoden können ganz banale Alltagsereignisse betreffen, etwa das Frühstücken, oder aber auch wichtige emotionale Ereignisse, etwa unsere Reaktion auf die Nachricht von der Geburt eines Kindes usw. Im Episodengedächtnis sind Handlungen, Emotionen, Wahrnehmungen usw. als an sich unteilbare Einheit erinnert, wobei man natürlich auf die einzelnen Aspekte, etwa die Emotion, fokussieren kann. Treten nun vergleichbare Episoden immer wieder auf – zum Beispiel bei einem Säugling Brust, Milch, Geruch, Sättigung, Zufriedenheit –, so werden diese Episoden generalisiert, das heißt, das Kind erwartet, dass sich auch in Zukunft diese Episode in dieser Art einstellen wird. Diese generalisierte Episode ist nicht mehr eine spezifische Erinnerung, sondern »sie enthält vielfältige spezifische Erinnerungen. [...] Sie stellt eine Struktur des wahrscheinlichen Ereignisverlaufs dar, die auf durchschnittlichen Erwartungen beruht.«[51] Dadurch werden natürlich auch Erwartungen geweckt, die enttäuscht werden können. Diese RIGs entstehen nach Stern aus allen Interaktionen, sie sind für ihn Grundeinheiten der Repräsentation des Kern-Selbst und vermitteln dem Säugling das Gefühl, ein zusammenhängendes Kern-Selbst zu haben, die Grundlage des Identitätserlebens.

Zwischen diesem Konzept der RIGs und dem Konzept der Komplexe kann ein Zusammenhang hergestellt werden, umso mehr, wenn wir berücksichtigen, dass nach Jung drei Komponenten Sinnesempfindung, intellektuelle Komponente und Gefühlston im Bewusstsein als Einheit erlebt werden.[52]

Die Theorie des Episodengedächtnisses ist eine Erklärungsmöglichkeit, wie Komplexe überhaupt als Repräsentationen im Gedächtnis gespeichert werden. Es ist damit auch erklärt, dass die Komplexe in bestimmten Situationen, die diesen prägenden Episoden gleichen, konstelliert und reaktiviert werden, dass sie aber auch über Empfindungen, die mit diesen Episoden zusammenhängen, oder mit Emotionen, die an die prägenden Episoden erinnern, hervorgerufen werden können.

Bezieht man nun die RIGs auf das Konzept der Komplexe, so geht es in Komplexen nicht um alle möglichen RIGs, sondern nur um jene, in denen schwierige Situationen generalisiert worden sind. Dieses Konzept trägt der Erfahrung Rechnung, dass die Erwartungen, die aus den komplexhaften Erinnerungen stammen, selten mit einer einzigen erinnerten Episode übereinstimmen. Komplexe entstehen nur selten aus einer einzigen traumatischen Situation, sie stellen wirklich so etwas wie eine generalisierte Erwartung dar, die zeigt, dass komplexhaftes Erleben und Verhalten daraus resultiert, dass sich immer wieder ähnliche Interaktionen zwischen den Beziehungspersonen und dem Kind ereignen. Auch wenn es wichtig und möglich ist, Komplexepisoden zu erinnern – etwa das Bild eines streng blickenden Vaters, der übergroß über einem verschwindend kleinen Jungen thront, der am liebsten in den Boden versinken möchte und mit zugeschnürter Kehle aus Angst keinen Ton herausbringt –, ist es nicht gesagt, dass diese Episode als solche tatsächlich erlebt worden ist. Sie bleibt aber aussagekräftig als Bild des Komplexes, als Bild einer generalisierten Episode – verbunden mit einer als bedeutsam erlebten damit zusammenhängenden Emotion. Dieser Aspekt ist besonders wichtig, weil gelegentlich ganz eindimensional aus den Bildern der Komplexe auf das konkrete Wesen, Verhalten und die Präsenz der konkreten Eltern zurückgeschlossen wird, das Phantasiebild also mit dem Realbild der Person gleichgesetzt wird. Natürlich haben diese Episoden etwas mit der realen Präsenz der Eltern, die sich in der Interaktion ausdrückt, zu tun, sie sind aber nicht einfach deckungsgleich zu behandeln.[53]

Eine weitere Verbindung der beiden Konzepte besteht darin, dass die Komplexe ein Leben lang entstehen können, dass sie aber auch in jeder Lebensphase bearbeitet werden können.[54] Im Zusammenhang damit steht auch eine therapeutische Überlegung, die wiederum auf Gemeinsamkeiten in diesen Konzepten hinweist. Arbeiten wir an komplexhaften Lebensthemen, dann ist es nicht notwendig, auf die prägende Situation zurückzugreifen. Es genügt, wenn eine Episode, die auf den Komplex hinweist, erlebt wird. Möglicherweise wird zum Beispiel durch einen konstellierten Komplex, etwa durch eine durch den Komplex geprägte Beziehungssituation in der Therapie, eine frühere Situation in der Kindheit erinnert, die sich »gleich« anfühlt. Damit kann gearbeitet werden. Es ist nicht notwendig, nach der frühesten Situation zu suchen, denn jede Komplexsituation zeigt die generalisierte Episode mit den damit verbundenen Wahrnehmungen und Empfindungen und vor allem mit den damit verbundenen Affekten in sich. Für Stern ist in diesem Zusammenhang wichtig, den »narrativen Ausgangspunkt« zu finden, die Schlüsselmetapher.[55] Er empfindet die Suche nach einer »Urfassung«, die der Theorie entsprechend letztlich unverstellt sein sollte, als einen Prozess ohne Ende, der wenig Erfolgschancen hat: Denn ein Hauptproblem besteht bei diesem Versuch ja wohl darin, die Übertragungen von präverbalen Episoden in verbale zu vollziehen.[56] Genau dasselbe gilt für die Urfassung der Komplexprägung. Wir wissen letztlich nicht, wann genau die Komplexprägungen erfolgt sind, und einige sind bestimmt schon zu einer Zeit geschehen, als das Kind das noch nicht in Worte fassen konnte. Die »Urfassung« ist nicht zu finden. Doch diese ist auch nicht notwendig, es braucht nur eine Komplexsituation, die lebhaft erinnert und erzählt werden kann.

Diese Erkenntnisse haben Auswirkungen für das Arbeiten an Komplexkonstellationen. Von der Komplextheorie her ist es wichtig, die Symbole, besonders auch die symbolischen Interaktionen zu verstehen: Symbole bilden die Komplexe ab. Das heißt, man versucht, sich den Komplex als Episode vorzustellen, sinnenhaft, mit allen Kanälen der Wahrnehmung und mit der damit verbundenen Emotion. Der Komplex stellt sich in Situationen dar, die wir als Schlüsselsituationen für das Verständnis unseres Lebens und unserer Persönlichkeit erleben, in typischen Beziehungskonfliktepisoden, die sich im Alltag oder in der therapeutischen Situation zeigen können, aber auch in Träumen und Imaginationen. Insbesondere die beiden Pole des Komplexes können gesehen werden. Einer der Pole, nämlich der Erwachsenenpol, ist dabei meistens projiziert. Dadurch, dass diese Schlüsselsituationen als Episode möglichst lebendig erzählt werden, lassen sich zum einen auf das Erleben des Kindes Rückschlüsse ziehen. Dies hilft, sich in die Situation des Kindes zurückzuversetzen und die Schwierigkeiten und Leiden der Prägesituation zu verstehen. Zum anderen lassen sich auch Rückschlüsse auf das Erleben und Verhalten der Beziehungsperson in der Prägesituation ziehen, mit der man sich als

Erwachsener zumindest in Situationen, in denen der Komplex konstelliert ist, ebenfalls identifiziert[57] und deren Part man als Erwachsener natürlich auch spielt.

Sich dieser Identifikation bewusst zu werden, und dafür Verantwortung zu übernehmen, ist außerordentlich schwierig, aber eine notwendige Voraussetzung, damit sich komplexhaftes Verhalten und damit auch die Komplexe verändern können. Aus diesen Schlüsselepisoden lassen sich ebenfalls Rückschlüsse auf die Interaktionsform im Komplexbereich ziehen, samt den damit verbundenen ambivalenten Gefühlen. Gelingt es, in symbolischen Abbildungen die komplexsetzenden Zusammenstöße zu sehen und zu erleben, werden immer mehr Episoden erinnert, die zur Bildung eines Komplexes und zur Übertragung des komplexhaften Verhaltens auf andere Menschen als die ursprünglichen Beziehungspersonen geführt haben. Das Thema der Assoziation spielt also auch in den neueren Forschungen und Erkenntnissen immer eine Rolle. Diese Assoziationen und Übertragungen beziehen sich aber, zu Beginn der Forschungen von Jung, auf den Bereich von Narrationen, von Erzählungen, von Imaginationen. Schlüsselsituationen werden in einer möglichst lebendigen Erzählung mit einem anderen Menschen geteilt. Erzählen und Zuhören bilden eine Einheit, und je besser zugehört wird, umso besser kann auch erzählt werden. Beim Erzählen sind wir in einer Vorstellungswelt, in der Welt der Imagination, der Phantasien. Es ist ein psychischer Bereich, in dem Außenwelt und Innenwelt zusammenkommen. Wir befinden uns in einem Übergangsraum, den man zudem noch miteinander teilt. In diesem Raum kann es sich ereignen, dass Bilder in Worte gefasst werden und auch verändert werden können.

Die Assoziation ermöglicht oft den Zugang zu einem Komplexthema, die Erzählungen zum Komplex als eine schwierige oder traumatisierende Beziehungsepisode ermöglichen die Arbeit am Komplex. Es genügt nicht, nur Informationen über schwierige Beziehungserfahrungen zu bekommen, wir brauchen erzählte Geschichten. Die Menschen müssen sich dabei imaginativ zurückversetzen in die Erfahrungen, die sie gemacht haben, und sie möglichst emotional erzählen, und zwar jetzt als Erwachsene. Dann entsteht eine Erfahrung, mit der man arbeiten kann, dann entstehen Bilder, die sich verändern können, insbesondere auch deshalb, weil die Menschen als Erwachsene diese Beziehungserfahrungen beschreiben, und auch, weil man ihnen auch hilft, diese Erfahrungen zu reflektieren, und es ihnen ermöglicht, einen Standpunkt von außen einzunehmen. Erzählen wir nur immer unsere Leiden, ohne dass eine Veränderung möglich ist, dann werden diese Komplexerfahrungen noch mehr verfestigt, vielleicht sogar neuronal festgeschrieben.

Bei Klaus konstelliert sich ein Komplex, wenn ihn jemand von oben herab behandelt. Dieser Komplex hemmt ihn im Alltag, er kann sich nicht wirkungsvoll mit anderen Menschen auseinandersetzen. Ein Entwicklungsthema kann er nicht erkennen, nur, dass er diesen Komplex außer Kraft setzen müsste. Doch das gelingt ihm gerade nicht.

Komplexhaftes Erleben und Verhalten im Alltag

Klaus erzählt: »Ich wollte einen neuen Computer kaufen, ich will das immer noch. Ich kenne mich ziemlich gut aus, ich habe mich auch informiert, und ich fand einen Computer, der auf meine Bedürfnisse zugeschnitten ist. Eine Information brauchte ich noch – zur Sicherheit. Ich suchte einen Verkäufer und fand endlich einen, der jedoch lange mit einer Kundin über etwas Privates sprach und mich nicht zur Kenntnis nahm. So etwas ärgert mich immer, ich war also schon ziemlich ärgerlich, konnte aber meinen Ärger im Zaum halten. Als er sich endlich mir zuwandte und ich meine Frage anbrachte, sagte er: ›Beim Kauf eines Computers muss man bei den Überlegungen an einem ganz anderen Ort ansetzen.‹ Und er begann mit ganz grundlegenden Überlegungen, die ich schon längst gemacht hatte. Ich sagte ihm, das hätte ich mir alles schon überlegt. Darauf er: ›Das sagen alle, und nachher reklamieren sie.‹ Ich wurde stinkwütend, sagte zu ihm: ›Sie sind der unfähigste Verkäufer, den ich je getroffen habe.‹ Dann drehte ich mich um und ging. Ich finde meine Reaktion nur ein wenig übertrieben. Reagieren musste man da. Aber die Sache geht mir nicht aus dem Kopf. Seit Wochen denke ich an diesen Zusammenstoß. Ich ertappe mich dabei, wie ich in der Vorstellung diesen Verkäufer zusammenschlage – dabei bin ich für Gewaltfreiheit. Dann wiederum ärgere ich mich über mich selbst. Warum war ich nicht auch arrogant und habe den Computer gekauft. Ich habe immer noch keinen neuen Computer. Ich bin wie blockiert, stelle mir vor, dass jeder Verkäufer genau gleich arrogant ist. Diese Episode geht mir nicht aus dem Kopf, sie besetzt mich richtig, stört mich bei der Arbeit. Irgendwie fühle ich mich auch sonst schlechter als normalerweise.«

Klaus findet seine Reaktion in der konkreten Situation gar nicht so unangemessen. Störend für ihn ist, dass er seine Kränkung nicht vergessen kann, dass ihm die Situation immer wieder einfällt, und er sich erneut ärgert.

Dies ist typisch für eine Erfahrung, die einen zentralen Komplex berührt: Entweder geht sie einem nicht aus dem Sinn, oder aber man verliert die Erinnerung an diese Erfahrung total, man vergisst sie also. Wenn wir uns ärgern, fühlen wir uns in unserer Selbsterhaltung oder in unserer Selbstentfaltung beeinträchtigt.[58] Das ist für uns nicht in Ordnung und der Ärger sagt uns, dass wir uns mit dieser Situation auseinandersetzen müssen. Klaus wurde in seinem Selbstwertgefühl getroffen, und seine Reaktion hinderte ihn daran, sich den neuen Computer zu kaufen. Aber wo soll er jetzt etwas in Ordnung bringen? Den Verkäufer wird er kaum dazu bringen, ihn besser zu behandeln. Der Ärger ist dysfunktional geworden. Klaus ärgert sich über sich selbst, dass er den Ärger nicht vergessen kann. Der Ärger ist zum Selbstläufer geworden und hat seinen Sinn im psychischen System verloren. Dies ist komplexhaft.

Gibt es eine Komplexepisode, die diese Komplexkonstellation erklärt und die es auch erlaubt, an diesem Komplex zu arbeiten?

Klaus: »Als Kind erlebt man doch alle Erwachsenen und zum Teil auch die Geschwister von oben herab, einfach, weil sie so viel größer sind.« Klaus erinnert sich, dass er eine Tante besonders gern mochte, weil sie sich jeweils auf seine Höhe begab, wenn sie miteinander sprachen: Entweder stellte sie ihn auf einen Tisch, oder sie ging in die Hocke. Diese Erinnerung lässt eine gewisse Sensibilität dem Thema gegenüber vermuten. Wir suchen weiter nach einer Schlüsselsituation für diesen Komplex.

Er erinnert sich an eine Erfahrung in der Kirche, die höchst unangenehm und wohl prägend war. »Wir waren in der Kirche. Ich war etwa zehn Jahre alt. Wir haben dem Pfarrer nicht zugehört, sondern einander gezwickt. Dabei galt eine Regel: Man durfte nicht zu erkennen geben, dass man gezwickt worden war, und auf gar keinen Fall natürlich schreien oder so etwas. Wer diese Regel nicht einhielt, wurde vom Spiel ausgeschlossen. Wir fanden dieses Spiel sehr schön und waren stolz darauf, uns unter den Augen des Pfarrers unentdeckt zu vergnügen. Irgendwie gab das aber doch eine beachtliche Unruhe. Nach dem Gottesdienst baute sich der Pfarrer vor uns auf und tadelte uns. Ich weiß nicht mehr, was er gesagt hat. Aber ich habe noch in Erinnerung, wie er mit einem arroganten Gesicht zu mir sagte: ›Von dir habe ich nichts anderes erwartet, schon deine Geschwister haben sich immer schlecht benommen.‹ Ich war sehr wütend und traurig, aber ich wusste nicht, was ich hätte tun können. Die Anderen waren wohl froh, dass sich das Gewitter auf mich konzentrierte. Als ich meinem Bruder davon erzählte, sagte der in einer Mischung von Wut und Trauer: ›Auf uns hat man es immer abgesehen, wir sind arm und haben zu viele Kinder und der Vater säuft.‹«

Und dann fielen Klaus viele weitere Komplexepisoden ein, die in dieselbe Richtung gingen: Es ging dabei um unverdiente

Kränkungen, oft im Zusammenhang mit der Familie, die in ihm eine sprachlose Verzweiflung und Wut zurückließen. Auf jeden Fall fand er keine Reaktion, die ihm ein gutes Gefühl gab und die der Situation angemessen war.

Klaus ist unterdessen selber eine Autorität – aber das entgeht ihm völlig. »Es genügt, wenn jemand, ob Mann oder Frau, den Kopf in einer gewissen Neigung schief hält, und ich fühle mich wieder klein und hässlich, ungerecht behandelt, verachtet und voll Wut.« Er blickt zurück: »Mir war von klein auf klar: Ich muss mich hinaufarbeiten.« Das hat er auch getan; er arbeitet sehr erfolgreich in seinem Beruf. »Ich muss mich hinaufarbeiten«, das war das Lebensthema, das sich aus diesem zentralen Komplex ergab. Er wollte diese schlechten Erfahrungen kompensieren, dafür sorgen, dass seine Kinder nicht unter dem Stigma einer schlechten Familie zu leiden hatten. Dieses Lebensthema ist nicht zu hinterfragen: Es ist wie in Stein gemeißelt. Und es verändert sich wenig im Umgang mit Autoritätspersonen.

Komplexepisode und Lebensthema

An dieser Komplexepisode kann man arbeiten. Klaus hat eine Geschichte erzählt. Er kann sich leicht in das Kind von damals einfühlen, also in den Kindpol der Komplexepisode. So fühlt er sich noch immer, wenn ihn jemand von oben herab behandelt. Eine Komplexepisode wird aber als Ganze verinnerlicht: Auch der Pol des Angreifers spielt eine Rolle in unserer Psyche. Was der Angreifer in unserer Phantasie sagt, das sagen wir uns selber oft, wenn wir mit uns nicht zufrieden sind. Auch Klaus sagt sich oft selber, wenn er seinen hohen Erwartungen an sich selbst nicht entsprechen kann: Von dir kann man nichts anderes erwarten, du kommst halt aus einer schlechten Familie. Aber diese Haltung zeigt er oft auch anderen Menschen gegenüber, zwar nicht mit dem Argument der schlechten Familie, doch er erhebt sich über andere und entwertet sie, um sich selbst aufzuwerten. »Ich verachte alle diese jungen Leute, die sich in ein von den Eltern gemachtes Nest setzen konnten. Wenn das Leben einmal hart wird, werden die alle versagen.« Klaus verachtet, um nicht neiden zu müssen.

Im Erzählen einer Komplexepisode wird eine Erfahrung, die einem unter die Haut gegangen ist und die immer noch prägt, in eine emotionale Geschichte eingebettet, die mit einem anderen Menschen geteilt werden kann. Gerade durch das Erzählen kann diese Geschichte nun neue Assoziationen auslösen, das heißt, neue Gesichtspunkte werden eingebracht und neue emotionale Erfahrungen werden möglich.

Indem man sich zum einen in den Kindpol einfühlt und sich imaginativ in diesen zurückversetzt, erlebt man noch einmal, wie man sich als Kind in diesen speziellen Situationen gefühlt hat. Und indem man sich zum anderen in den Erwachsenenpol einfühlt, der sonst meistens in der Projektion bleibt, findet man heraus, wo man selber mit diesem Angreifer oder dieser Angreiferin identifiziert ist. Sowohl das Verhalten, das im Kindpol ausgedrückt ist, als auch das Verhalten, das im Erwachsenenpol ausgedrückt ist, muss geopfert werden. Im konkreten Alltag muss man sich das entsprechende Verhalten, wenn es einem zum Bewusstsein kommt, versagen. Das kann man leichter, wenn man sich klarmacht, in welchen Situationen man besonders gefährdet ist, in dieses Verhalten zu fallen, in welchen Situationen sich der Komplex also konstelliert. Dann weiß man, wann man auf sich aufpassen muss. Gelingt es, dieses Verhalten zu kontrollieren, dann besteht das Leben nicht mehr aus Opfern und Angreifern, und man kann das Leben gestalten.[59] Aus den Wünschen des Kindes der Komplexepisode, die durch den Zusammenstoß durchkreuzt worden sind, kann das Lebensthema herausgeschält werden.

Was hätte sich Klaus damals als Zehnjähriger gewünscht? »Ich wäre gerne behandelt worden wie alle anderen auch. Heute würde ich sagen: Auch wenn wir gestört haben, hätte der Pfarrer respektvoll mit uns umgehen können. Vor allem aber hätte er mir das Verhalten meiner Geschwister, und damit letztlich meine Herkunft, nicht vorwerfen dürfen. Ich hätte ihm das sagen sollen. Ich konnte nicht für mich einstehen, und niemand hat das für mich stellvertretend gemacht. Ich kann mir vorstellen, dass es Väter oder Mütter gibt, die zum Pfarrer gehen und ihn zur Rede stellen würden, und die für das Kind eintreten würden. Ich habe es zu Hause nicht einmal erzählt, nur dem Bruder. Es fällt mir erst heute ein, dass ich es ja hätte erzählen können. Aber das hätte wohl nichts gebracht.«

Das Lebensthema, das diesen Komplex kompensierte, war: »Ich will mich *hinauf*arbeiten.« Dieses Thema der Kompensation war ihm Bestimmung und Gesetz, auf dieses Lebensthema war er eingeengt. Er hatte damit zwar Erfolg: er hatte sich hinaufgearbeitet und niemand warf ihm mehr seine Herkunft vor. Dieses Lebensthema zu entwickeln, genügte aber nicht, um den Komplex zu verändern.

Ein weiteres Lebensthema, das sich aus dem Wunsch des Kindes ergab, für sich in dieser schwierigen Situation eintreten zu können, war: Ich will für mich eintreten können. Ich will zu mir stehen können, auch wenn meine Mitmenschen das, was ich mache, nicht gut finden. Vielleicht hatte das Kind damals diesen Wunsch nicht, aber dass Klaus heute dem damaligen Kind diesen Wunsch zuschreibt, heißt zumindest, dass dieser in der Phantasie heute existiert, und mit dieser Erfahrung in Beziehung gebracht werden kann. Es schälte sich so ein weiteres Lebensthema heraus: Ich will mich freuen dürfen, auch wenn es manchmal Ärger gibt.

Indem Klaus sein Verhalten in Komplexsituationen immer besser kontrollieren konnte, und indem er neue Lebensthemen identifizierte, die sein zentrales Lebensthema vom Hinaufarbeiten ergänzten und ganz neue Impulse in sein Leben brachten, schwächte sich seine Komplexreaktion ab. So konnte er sagen: »Ich habe kürzlich einen Mann getroffen, der mich früher zur Weißglut gebracht hätte. Als ich mir das so vorstellte, musste ich etwas schmunzeln, und dann ging ich mit ihm ganz normal um.«

Wenn wir Komplexepisoden studieren und an diesen arbeiten, lassen wir viele Aspekte beiseite. Wird eine Komplexepisode wie hier aus dem zehnten Lebensjahr erzählt, dann ist anzunehmen, dass diese Komplexepisode zwar eine generalisierte Episode ist, die frühere Erfahrungen mit einschließt, dass es aber immer noch andere Erfahrungen gibt, die darin nicht berücksichtigt sind. Man kann also bei jeder Komplexepisode, die auf Lebensthemen hinweist, etwas Wichtiges vermissen. Im Folgenden werde ich sowohl dies als auch manche therapeutische und diagnostische Aspekte nicht erwähnen. Denn in meinem Zusammenhang ist die Konzentration auf die Konflikte, die im Komplex ausgedrückt sind, sowie auf die darin enthaltenen Lebensthemen zentral. Für diesen Aspekt zu sensibilisieren, ist mir wichtig – auch als therapeutische Technik.

5. Individuation: Selbstwerdung in Beziehung

Das Menschenbild begründet in der Psychologie die Theoriebildung. Jung sieht den Menschen als einen, der im gelebten Vollzug des Individuationsprozesses zu dem werden soll, der er eigentlich ist. Das ist menschliche Aufgabe, das ist menschliches Vermögen, das ist aber ebenso sehr Grundlage für die Theorie des therapeutischen Prozesses. Die Jung'sche Psychologie ist von einem Menschenbild geprägt, das den Menschen in einem umfassenden Sinnzusammenhang sieht, in schöpferischer Wandlung stehend, der fehlende Wandlung als bedrückend erlebt; zudem einem Selbstverständnis verpflichtet, für das alles Geschehen noch eine Dimension über das Offensichtliche hinaus hat und deshalb auch geheimnisvoll bleibt. Sinnenhaft erlebbare Wirklichkeit steht immer in einem Zusammenhang mit geistiger Wirklichkeit.

Der Individuationsprozess: Werden, der/die man ist

Unter dem Individuationsprozess wird der Prozess der dialogischen Auseinandersetzung zwischen dem Bewusstsein und dem Unbewussten verstanden. Bewusste und unbewusste Inhalte vereinigen sich in den Symbolen.

Ziel des Individuationsprozesses ist, zu dem Menschen zu werden, der man eigentlich ist. »Werde, der du bist«, so sagte schon Pindar, die Idee ist also nicht neu. Aristoteles betonte, dass jedes Erschaffene in sich die nur ihm eigene Gestalt habe, und das Leben soll zu dieser eigenen Gestalt hinführen. Das heißt, dass die Fülle der Lebensmöglichkeiten, die in uns angelegt sind, zu einem großen Teil erlebbar werden, dass sichtbar wird, was in uns – und vielleicht eben nur in uns – angelegt ist.

Der Individuationsprozess ist in diesem Sinne ein Differenzierungsprozess: Die Besonderheit eines Menschen soll zum Ausdruck kommen, seine Einzigartigkeit. Dazu gehört ganz wesentlich das Annehmen von sich selbst mit den jeweils damit verbundenen Möglichkeiten, aber auch den Schwierigkeiten; wobei gerade die Schwierigkeiten wesentlich sind – sie machen ja unsere Besonderheit weitgehend aus. Das Annehmen von sich selbst, samt den Möglichkeiten und den Schwierigkeiten, ist eine Grundtugend, die im Individuationsprozess verwirklicht werden will.

Im Zusammenhang mit dem Individuationsprozess wird immer wieder das Bild eines Baumes gebraucht: Ein Samen, der zur Erde fällt, soll zu dem Baum werden, der im Samen angelegt ist und der in Wechselwirkung mit Standort, Wetter, Klima usw. steht. Wenn wir an Bäume denken, sind auch ihre Verwundungen etwas sehr Charakteristisches.

»Werden, der man ist«, »Werden, die man ist« heißt keineswegs, glatt, harmonisch, abgeschliffen zu werden, sondern immer mehr an sich wahrzunehmen, was man ist, was stimmig ist in der eigenen Persönlichkeit samt Ecken und Kanten. Insofern ist der Individuationsprozess auch immer ein Annäherungsprozess; wir wissen ja nicht, was wir letztlich sind, und auch der Analytiker/die Analytikerin weiß es nicht. Es ist eine Annäherung, jede Wandlung, die wir erleben, ist auf Korrigierbarkeit angelegt, ist vorläufig.

Der andere Aspekt des Individuationsprozesses – ebenso wichtig und vielleicht psychologisch auch praktikabler und ebenso mit dem Ziel der Selbstwerdung verflochten – zielt auf das Erreichen von mehr Autonomie. Der Mensch soll zu einem Einzelwesen werden, abgelöst von den Elternkomplexen und, damit zusammenhängend, auch von kollektiven Maßstäben, von Normen und Werten in einer Gesellschaft, von Rollenerwartungen, von dem, was »man« denkt. Man-selbst-Werden heißt also auch mündig werden.

Im Weltbild der Jung'schen Psychologie gilt, dass das, was

außen ist, auch innen, was innen, auch außen ist. Wir sollen uns deshalb nicht nur vom Verhaftetsein an kollektive Werte, Normen, Rollenerwartungen lösen – die wir in unserer Persona internalisiert haben –, sondern auch vom Verhaftetsein ans Unbewusste, und dann bewusst in Beziehung dazu treten. Wir sollen also weder vom Unbewussten bestimmt werden noch von den Werten, die wir gesellschaftlich geschaffen haben. Vom Verhaftetsein ans Unbewusste gelöst zu sein, meint zum Beispiel, dass wir unser Leben nicht einfach von einem Archetypus bestimmen lassen, während wir es gar nicht merken.[60]

Ein Beispiel dazu: Ein Mann, 42-jährig, war vom Archetypus des Helden sehr in Beschlag genommen. Überall und automatisch wollte er ein Held sein und fühlte sich schlecht, wenn er kein Held sein konnte. Die Menschen sagten zu ihm, lobend oder tadelnd, er würde sich immer so heldenhaft benehmen; ihm wurde immer so viel Arbeit zugeschoben, weil er sich nie beklagte, alles gut bewältigte. Er träumte auch oft von Helden. Mit der Zeit wurde ihm selber deutlich, dass er sehr stark davon bestimmt war, Held sein zu müssen. Er fragte sich in vielen Lebenssituationen, ob es für ihn und für die Sache sinnvoll sei, Held zu sein. Ein Dialog zwischen dem Ich und dieser Heldenseite setzte ein. Die Heldenseite im Menschen ist nicht nur einfach etwas Problematisches. Ziel wäre es vielmehr, dieser Seite dort einen Platz im Leben einzuräumen, wo sie sinnvoll ist. Solch ein Vorgang wäre Ablösung vom Unbewussten. Sie bedeutete noch nicht, dass dieses Unbewusste nicht im alten Sinne weiterwirkte, aber wenigstens könnten wir dann zu diesen Seiten in eine Beziehung treten und würden nicht mehr einfach davon bestimmt.

Jung sieht also, wenn wir beide Aspekte zusammensehen, den Menschen als einen, der im gelebten Vollzug des Individuationsprozesses – und der findet in der Therapie statt – zu dem werden soll, der er eigentlich ist, also immer weniger fremdbestimmt durch Kräfte des kollektiven Unbewussten. Anstelle dieser Fremdbestimmung tritt der Dialog – der Dialog zwischen Bewusstsein und Gesellschaft, der Dialog auch zwischen Bewusstem und Unbewusstem. Und das würde dann – zwar immer vorläufig – im Laufe des Individuationsprozesses eine Entwicklung zu mehr Autonomie bringen.

Jung bezeichnet den Individuationsprozess einerseits als internen, subjektiven Integrationsvorgang, das heißt, in diesem Prozess stehend lernt der Mensch immer mehr Seiten an sich selbst kennen und tritt mit ihnen in Kontakt, verbindet sie mit dem Bild von sich selbst – zum Beispiel durch Rücknahme von Projektionen. Andererseits ist der Individuationsprozess ein interpersoneller, intersubjektiver Beziehungsvorgang, »denn«, so Jung, »die Beziehung zum Selbst ist zugleich die Beziehung zum Mitmenschen, und keiner hat einen Zusammenhang mit diesem, er habe ihn denn zuvor mit sich selbst.«[61] Oder: »Der unbezogene Mensch hat keine Ganzheit, denn er erreicht diese nur durch die Seele, die ihrerseits nicht sein kann ohne ihre andere Seite, welche sich stets im ›Du‹ findet.«[62]

Diesem Gedanken, dass der Individuationsprozess zugleich ein Integrationsprozess und ein Beziehungsvorgang ist, ist in der Jung'schen Therapie auch die subjekt- und objektstufige Deutung von Symbolen verpflichtet. Wenn wir zum Beispiel im Traum einer Autoritätsfigur begegnen, dann kann man diese als äußere Autorität sehen, der wir eben in einer besonderen Färbung im Traum begegnen. Unser Verhalten im Traum kann dann etwas aussagen über unser Verhalten im Alltag den entsprechenden Autoritäten gegenüber. Das wäre eine Deutung auf der Objektstufe. Bei der Deutung auf der Subjektstufe wird diese Autorität als innere Gestalt gesehen, als eine Seite von uns selbst und in diesem Zusammenhang als ein autoritärer Zug in uns selbst. Wenn man Jung nicht verkürzt, meine ich, dass man beide Deutungsformen beiziehen müsste. Der Individuationsprozess müsste keineswegs dazu führen, dass Menschen einsame Individuen werden, sondern er müsste Menschen gerade gemeinschaftsfähiger machen. Nach Jung bringt der »Individuationsprozess eine Bewusstheit menschlicher Gemeinschaft hervor, weil er eben das alle Menschen verbindende und allen Menschen gemeinsame Unbewusste zur Bewusstheit führt. Die Individuation ist ein Einswerden mit sich selbst und zugleich mit der Menschheit, die man ja auch ist.«[63] Oder anders ausgedrückt: Es gibt niemals nur Entwicklung von Autonomie, Hand in Hand damit geht immer auch die Entwicklung von Beziehungsfähigkeit.

Individuation ist ein Ziel. Ganzwerden ist eine Utopie, wir sind bestenfalls auf dem Weg. Der Prozess erfüllt die Dauer des Lebens mit Sinn.[64]

Der Archetyp des Selbst

Dass ein utopisches Ziel hinter dem Individuationsprozess steht, wird deutlich, wenn wir uns dem Selbst zuwenden. Das Selbst steht ja hinter der Selbstwerdung. Individuation wird verstanden als Einswerden mit uns selbst, aber eben auch als Selbst-Werden. Jung sagt vom Selbst – und das ist für ihn der zentrale Archetypus –, dass es ein wegweisendes Prinzip sei, der geheime spiritus rector unseres Lebens, das, was bewirkt, dass wir sind und uns entwickeln.[65] Jung spricht von einem Trieb zur Selbstwerdung. Das Selbst wirkt als apriorisches Gestaltungsprinzip in uns, das auch den Aufbau des Ichkomplexes steuert. Weiter wird das Selbst als Ursache für die Selbstregulierung der Psyche angesehen: Für Jung ist das psychische System ein sich selbst regulierendes System wie auch der lebende Körper. Jung sieht diese Selbstregulation vor allem darin, dass vom Unbewussten her Reaktionen gegen bewusste Einseitigkeiten zu erwarten sind, so dass die Integrität der Gesamtstruktur gewahrt bleibt, der Mensch aber auch fähig ist, seinen jeweiligen Standpunkt zu transzendieren.[66] Das Selbst gilt als Grund und Ursprung der individuellen Persönlichkeit und umfasst diese individuelle Persönlichkeit in Vergangenheit, Gegenwart und Zukunft.[67]

Die Symbole des Selbst – so sagt Jung – entstehen in der Tiefe des Körpers, sie drücken deshalb sowohl unsere Stofflichkeit aus als auch die Struktur des wahrnehmenden Bewusstseins.[68] Symbolisch erscheint denn auch das Selbst sehr oft im Symbol der Vereinigung der Gegensätze, häufig im Symbol eines Liebespaares, und gerade dieses Symbol erscheint mir außerordentlich wichtig, weil hier das Erleben von Liebe, von Ganzheit, von Vereinigung der Gegensätze, von Sehnsucht nach Entgrenzung ausgedrückt ist.[69] Und es ist immer wieder feststellbar, dass Menschen die Sehnsucht nach Liebe und die Sehnsucht nach dem Selbst kaum voneinander trennen können. Wenn wir von Liebe ergriffen sind, ist damit noch eine Sehnsucht verknüpft, die über die Liebesbeziehung hinausgeht. In solchen Situationen wäre das Selbst konstelliert. Das Selbst kann auch in abstrakten Symbolen dargestellt werden, wie Kreis, Kugel, Dreieck, Kreuz, in Figuren also, die eine Ganzheit symbolisieren und deren Wesen es ist, dass viele mögliche Gegensätze in ihnen enthalten sein können, aber nicht aufgehoben sein müssen.[70] Wenn nun der Archetypus des Selbst dem Menschen erfahrbar wird, dann haben wir den Eindruck, dass wir absolut gemeint sind; wir haben das Gefühl der Selbstzentrierung, das Erlebnis der unabweisbaren Identität und auch der Schicksalhaftigkeit der jeweiligen Lebenssituation, in der dieses Symbol erlebt wird. Die Inkarnierung, die Verwirklichung des Selbst in unserem Leben steht sozusagen als Utopie für den ganzen Individuationsprozess.

Jung spricht dann aber auch noch von einer weiteren Ebene des Selbst. Das Selbst, von dem ich bis jetzt gesprochen habe, könnte man als »mein Selbst« bezeichnen, also das, was meine Ganzheit werden kann, was ich werden kann im Laufe meines Lebens, was ich in mir entfalten kann, wenn ich möglichst viel zulassen kann. Das Verhältnis von Selbst und Ich ist eines der gegenseitigen Fundierung: Hinter der Entwicklung des Ich steht das Selbst – das Selbst, das den Ichkomplex weit übergreift –; das Selbst wiederum kann sich im aktuellen Leben nur verwirklichen durch das Ich. Jung spricht nun aber auch noch von »dem Selbst«, und »das Selbst« wäre dann der ewige oder universale Mensch in uns, einfach *der Mensch,* »der runde, d. h. vollkommene Mensch der Ur- und Endzeit, Anfang und Ziel des Menschen« überhaupt.[71] Das bedeutet aber, dass Selbstverwirklichung, Arbeit an sich selbst nicht nur persönliche Notwendigkeit wäre, vielleicht Befriedigung und Sinnerleben vermittelt, sondern dass dahinter auch eine Anstrengung für das Menschliche an sich zu sehen wäre.

Im Zusammenhang mit dem Selbst als Anthropos erwähnt Jung in seinem letzten Werk »Mysterium Coniunctionis« noch eine weitere Stufe der Individuation, und zwar nicht mehr aus seinem eigenen Selbsterleben heraus, sondern in Anlehnung an den Alchemisten Dorneus. Ich bringe diesen Gedanken, weil ich meine, dass man da sehr gut sehen kann, welches Welt- und Menschenbild Jung eigentlich hatte. Der Alchemist Dorneus vertritt, dass der ganzheitliche Mensch sich noch mit dem Unus Mundus verbinden kann, der potentiellen ganzen Welt des ersten Schöpfungstages. Das würde aber heißen, dass das Selbst, das zunächst intrapsychisches Zentrum von großer Selbstregulierungs- und Selbstzentrierungskraft ist, nun auch die Einheit mit dem Kosmos als Ganzem erfahren kann. Hier wird nun der Charakter der Utopie deutlich, einer Utopie, die davon handelt, dass der bewusster werdende Mensch sich mit dem ganzen Kosmos verbinden könne oder, umgekehrt, dass der ganze Kosmos im Menschen erlebbar sei; durch den Menschen sei der Kosmos beeinflussbar, der Kosmos andererseits beeinflusse den Menschen. Alles Lebendige wird also als ein Organismus begriffen. Diese Idee, die in der Renaissance lebendig war, fasst heute – durch die Ökologiebewegung – bei uns wieder Fuß in der Vorstellung, den Kosmos als einen Organismus aufzufassen und uns Menschen als Teil dieses Organismus, in dem vielfältigste Wechselwirkungen stattfinden. Diese Idee der Ganzheit und der implizierten Wechselwirkungen steckt letztlich auch hinter dem Individuationsprinzip, und da zeigt sich auch der Erlösungsgedanke in diesem Denken: Die Idee von Jung ist ja, dass das Selbst hinter der Entwicklung unseres Ichkomplexes steht, dass wir aber mit unserem Ich und unserem Bewusstsein dem Selbst Gelegenheit geben, sich zu inkarnieren. Und sich zu inkarnieren in der Welt wäre wohl auch ein Erlösungsprozess.

Individuation ist eine Utopie. Utopien haben den Sinn, unsere Sehnsucht zu stimulieren, uns überhaupt in Bewegung zu bringen, uns auch klarzumachen, was wir uns denn eigentlich im Innersten ersehnen. Individuation ist auch deshalb als Utopie aufzufassen, weil dieses absolute Ganzwerden, das uns immer wieder vor Augen steht, überhaupt nicht möglich ist. In einem Brief schreibt Jung an einen Rudolf Jung: »Schließlich bleibt ja jeder einmal irgendwo stecken, denn wir sind alle sterblich und bleiben ein Teil dessen, was wir als Ganzes sind. Die Ganzheit, die wir erreichen können, ist sehr relativ.«[72]

Der therapeutische Prozess, verstanden als Individuationsprozess, besteht im Wesentlichen darin, dass das Unbewusste und das Bewusstsein im Bereich der jeweils belebten Inhalte einander verbunden werden im Symbol. Durch diese Symbolbildungen wird die schöpferische Entwicklung der Persönlichkeit möglich.

Das Selbst und der Individuationsprozess

Der Archetypus, der den Kern des Ichkomplexes bildet, ist das Selbst. Ich will hier einige Umschreibungsversuche des Selbst von Jung noch einmal zitieren: Nach Jung »bezeichnet das Selbst den Gesamtumfang aller psychischen Phänomene im Menschen. Es drückt die Einheit und Ganzheit der Gesamtpersönlichkeit aus.«[73] In seinem letzten Werk, im »Mysterium Coniunctionis«, schreibt Jung, das Selbst sei »Grund und Ursprung der individuellen Persönlichkeit« und umfasse diese »in Vergangenheit, Gegenwart und Zukunft«[74]. Im Weiteren spricht Jung vom Selbst als einem numinosen apriorischen Gestaltungsprinzip[75], dann auch als von der »Energiequelle«[76]

des Individuums, weiter nennt Jung das Selbst auch den »geheimen spiritus rector unseres Schicksals«[77], es ist der »völligste Ausdruck der Schicksalskombination, die man Individuum nennt«[78].

Insofern das Selbst aus bewussten sowie auch aus unbewussten Inhalten besteht – und das Unbewusste ja per Definition nicht bewusst ist –, ist das Selbst nie ganz fassbar, es bleibt, wie jeder Archetypus, auch etwas Geheimnisvolles. Das Selbst kann deshalb auch nicht im Raume eines Ichbewusstseins lokalisiert werden, sondern verhält sich »wie eine den Menschen umgebende Atmosphäre von einer räumlich sowohl wie zeitlich nur unsicher abzugrenzenden Erstreckung«[79].

Wie der Ichkomplex im Selbst gründet, vom Selbst her den Entwicklungsimpuls bezieht – das Selbst als spiritus rector verstanden –, so ist andererseits auch der Ichkomplex notwendig, um das Selbst zu inkarnieren. Das Verhältnis von Ichkomplex und Selbst ist also das einer gegenseitigen Fundierung. Dementsprechend sagt Jung: »Das Ich lebt in Raum und Zeit und muss deren Gesetzen angepasst sein, soll es überhaupt existieren. Wird es aber ans Unbewusste dermaßen assimiliert, dass alle Entscheidung bei letzterem liegt, dann ist es erstickt und es ist nichts mehr da, worein das Unbewusste integriert oder worin es realisiert werden könnte. Die Unterscheidung des empirischen Ich vom ›ewigen‹ und universalen Menschen ist daher von schlechthin vitaler Bedeutung. [...] Die Integration des Unbewussten ist aber nur möglich, wenn das Ich standhält.«[80]

In diesem Zitat wird sehr deutlich, dass das Verhältnis von Selbst und Ich das einer gegenseitigen Fundierung ist, hier wird aber auch noch deutlich ausgedrückt, dass der Individuationsprozess nur dann möglich ist, wenn ein hinreichend kohärenter Ichkomplex vorhanden ist. Zudem finden wir in dieser Definition noch einmal eine neue Definition des Selbst, nämlich die des »ewigen« und universalen Menschen. Individuationsprozess würde also bedeuten, die Impulse des »ewigen« und universalen Menschen im Ichkomplex so weit zu inkarnieren, als jeweils eine Konstellation vorhanden ist. In diesem Zusammenhang sagt Jung: »Das Selbst, das sich verwirklichen möchte, greift nach allen Seiten über die Ichpersönlichkeit hinaus; es ist seiner umfassenden Natur gemäß heller und dunkler als diese und stellt demgemäß das Ich vor Probleme, denen es am liebsten ausweichen möchte.«[81]

Und in diesem Zusammenhang erwähnt er dann auch, dass das Selbst nur begrifflich von dem, was man seit jeher »Gott« genannt habe, zu unterscheiden sei, nicht aber praktisch.[82]

Als Psychologen machen wir keine Aussagen über Gott, sondern wir sprechen über Gottesbilder, wie sie in der Psyche des Menschen anzutreffen sind, wie sie erlebt und gestaltet werden. Wenn der Archetypus des Selbst konstelliert ist – in Träumen, in Phantasien, in Visionen, in Bildern erlebt wird –, dann ist diese Konstellation mit einer großen Emotion verbunden. Symbole des Selbst sind von einer Aura der Numinosität begleitet. Numinosität nennt man eigentlich die von der Gottheit ausgehende Macht. Jung spricht immer wieder von der Numinosität, und indem er diesen Ausdruck braucht, bringt er implizit zum Ausdruck, dass in der Wirkung dieser Archetypen sich etwas von der Wirkung der alten Götter verbergen könnte. Da der Archetypus des Selbst der zentrale Archetypus ist, ist er nun von einer besonderen Emotion begleitet, einer Emotion der Ergriffenheit, der absoluten Sinnhaftigkeit, verbunden mit einem Lebensgefühl des selbstverständlichen In-sich-Stehens, und darin auch des Verbundenseins mit einem größeren Ganzen. Dieser Archetypus wird immer einmal wieder erlebt und bringt eine unverhoffte Zentrierung der Persönlichkeit. Archetypische Einflüsse dauern aber niemals an.

Phänomenologisch erscheint das Selbst nach Jung in den Symbolen einer übergeordneten Persönlichkeit, etwa als König, Held, Prophet, Heiland.[83] Selbstverständlich müssten diese übergeordneten Persönlichkeiten auch in ihrer weiblichen Form betrachtet werden.

Ich bin dieser Idee gegenüber, dass diese übergeordneten Persönlichkeiten bereits Symbole des Selbst seien, sehr skeptisch. Ich verstehe, dass Jung so argumentiert, weil das Selbst dem Ich übergeordnet ist. Ich meine aber, dass ein König zum Beispiel durchaus auch eine Ausweitung des Vaterkomplexes ins Archetypische bedeuten kann. Wahrscheinlicher erscheinen mir solche Symbole des Selbst – das ja Einheit und Ganzheit der Persönlichkeit ausdrückt –, wie sie der Kreis, das Viereck, die Quadratur des Kreises, das Kreuz usw. darstellen; überzeugend auch deshalb, weil diese an sich formalen Symbole mit einer unerklärlichen emotionalen Wirkung verbunden sind, insbesondere das Mandala, auf das ich zurückkommen werde. Schon im Kreuz ist das Zusammenbringen der Gegensätze – wie dies im Selbst auch angedeutet ist – ausgedrückt. Das Selbst kann dann auch als geeinte Zweiheit erscheinen: Bekannt dafür ist das Yin-Yang-Zeichen, aber auch das Brüderpaar, das Schwesternpaar oder das gegengeschlechtliche Paar können Selbstsymbole darstellen. Dabei ist das gegengeschlechtliche Paar eines der dynamischsten Selbstsymbole.

Wird das Selbst durch diese Symbole ausgedrückt und erfahrbar, dann bewirkt es eine Zentrierung, ein Zustand des Chaos wird aufgehoben; damit verbunden ist das Erlebnis einer unbezweifelten Identität und der Schicksalhaftigkeit der jeweiligen Lebenssituation, in der dieses Symbol sich konstelliert.

Die Symbole, die ich hier genannt habe, sagen etwas dazu aus, in welcher archetypischen Struktur das Selbst unserem Bewusstsein erscheint. Demgegenüber ist der dynamische Aspekt des Archetypus die Selbstwerdung, Selbstwerdung also gesehen als archetypisches Geschehen. Steht das Thema der Selbstwerdung im Vordergrund, sind es andere Symbole, die das Selbst veranschaulichen (zum Beispiel das Wachstum eines Baumes).

Selbstwerdung als Beziehungsprozess

Die Dynamik, die vom Archetypus des Selbst ausgeht, bewirkt die Selbstwerdung. Das Thema der Selbstwerdung ist ein Menschheitsthema.

»Der Individuationsprozess hat zwei prinzipielle Aspekte: einerseits ist er ein interner, subjektiver Integrationsvorgang, andererseits aber ein ebenso unerlässlicher objektiver Beziehungsvorgang.«[84]

Integrationsvorgang meint, dass Symbole, die an unser Bewusstsein herangetragen werden, erlebt, gestaltet, verstanden werden, besonders auch in ihrem emotionalen Ausdrucksgehalt, und dann auch unser Handeln und unsere Haltungen beeinflussen.

Der Individuationsprozess ist aber auch ein Beziehungsvorgang, denn, so Jung, »die Beziehung zum Selbst ist zugleich die Beziehung zum Mitmenschen, und keiner hat einen Zusammenhang mit diesem, er habe ihn denn zuvor mit sich selbst.«[85] Selbstwerdung darf nicht so gesehen werden, dass sie die Mitwelt ausklammert, sondern Selbstwerdung, Selbstgestaltung ist immer auch Beziehungsgestaltung. Dabei meint Beziehungsgestaltung keineswegs, dass unser Mitmensch »nur« als Projektionsträger oder Projektionsträgerin uns nützlich sein kann. Selbstverständlich finden gerade in Beziehungen sehr viele Projektionen statt, begegnen wir in der Beziehung zu einem anderen Menschen uns sehr oft selbst. Archetypen beleben nicht nur Beziehungen, sondern Beziehungen beleben auch Archetypen. Das gehört nach meiner Vorstellung auch zu einer Ich-Du-Beziehung, die nicht von allzu viel Projektionen verzerrt ist. Über die Ich-Du-Beziehung hinaus aber geht es um die vielfältigen Möglichkeiten der Beziehung des Individuums zu anderen Menschen, aber letztlich auch zur Welt. So wird sich ein Individuum, das sich auf dem Weg der Individuation befindet, immer in einer Spannung vorfinden zwischen dem, was an Symbolen erlebbar ist, was es als inneren Auftrag empfindet, und seinem Stehen in der Welt. Dabei wird das Erleben von Welt oder das Erleben von Beziehungen auch immer wieder die Sicht unserer Symbole verändern, wahrscheinlich auch die Symbolbildung. Beziehung und Individuation können nicht getrennt werden voneinander.

Da der Individuationsprozess ein subjektiver Integrationsvorgang und eben auch ein objektiver Beziehungsvorgang ist, sind zwei Verfallsformen möglich.

Es gibt Menschen, die individuieren sozusagen nur innerhalb ihrer Beziehungen; sie können eine ungeheure Hingabe leben, ganz aufgehen für einen anderen Menschen, ihr Ich zurückstellen. Veranschaulichen wir es einmal am gegengeschlechtlichen Paar: Wäre zum Beispiel der konkrete Mann ein Symbol, dann würde man meinen, dass die konkrete Frau ihre Animusseite akzeptiert, pflegt, verwöhnt. Da sie es aber in der Projektion macht – als Beziehungsmuster –, wird man den Eindruck nicht los, dass diese Frau sich selbst sehr viel schuldig bleibt, ihr eigenes Leben verfehlt. Wenn »Frauen zu sehr lieben« heißt, dass der Individuationsimpuls, der Individuationsdrang, der von Jung ja auch als Trieb beschrieben wird, auf die Beziehung projiziert ist, die nur im Beziehungsaspekt gelebt wird; der Integrationsaspekt fehlt. Es fehlt also die Überlegung, was denn dieser Mensch, dem man sich mit so viel Hingabe widmet, im eigenen Leben bedeutet, ob er vielleicht auch Ausdruck für einen intrapsychischen Anteil ist, der dringend benötigt wird, damit das Leben seine Ganzheit hat. Dieser Introspektionsvorgang fehlt dann.

Die andere Verfallsform ist die Individuation im Elfenbeinturm: Der Individuationsprozess bekommt hier etwas rein Innerliches, alles wird mit sich selbst abgemacht, Anregungen von außen werden aufgenommen, aber nicht zurückgemeldet als Anregungen; Menschen und Beziehungen werden gebraucht, um das innere Leben anzuregen oder zu strukturieren. Ideal wäre, wenn die Spannung zwischen dem internen Integrationsvorgang und den Beziehungsvorgängen erhalten bliebe, wenn eine wechselseitige Belebung von innen nach außen und von außen nach innen möglich sein könnte.

Grundsätzlich ist der Individuationsprozess ein Prozess, der nicht vorherzubestimmen ist; das Ziel ist niemandem bekannt, auch nicht dem Analytiker und der Analytikerin. Der Prozess als solcher hat Wegmarken, die Symbole – die man in Träumen, in Bildern, in Phantasien sehen und auch einmal falsch deuten kann: Es werden dann von den Symbolen weitere Korrekturen angebracht.

Jung beschreibt, dass der Individuationsprozess in typischen Zügen verlaufe: Zuerst müsse man den Schatten integrieren, dabei bekomme man Probleme mit seiner Persona – dem Bild, wie man sich der Welt zeigen möchte, und in dem ja sehr viele gesellschaftliche Werte und Vorstellungen gebunden sind –, dann gehe es weiter darum, Animus und Anima zu integrieren. Die Auseinandersetzung mit Schatten, Persona, Anima und Animus spielt in der Tat eine große Rolle. Die Reihenfolge, die Jung angegeben hat, wird jedoch nicht immer in dieser Form eingehalten: Wenn der Individuationsprozess seinen Sinn behalten soll, dann muss er wirklich bei jedem individuell sein. Allen Prozessen gemeinsam wäre nur dieser Drang zur Selbstwerdung. Der Drang zur Selbstwerdung ist aber auch ein Drang zur ständigen Grenzüberschreitung: einerseits zur ständigen Grenzüberschreitung des Ichkomplexes, andererseits aber auch zur ständigen Grenzüberschreitung in meiner Beziehung zur Umwelt. Das ist nicht voneinander zu trennen. Individuation meint, dass alle Grenzen, die im Moment gelten und die ich im Moment auch bin, immer wieder in Frage gestellt werden müssen, geopfert werden müssen, überschritten werden müssen. Insofern ist der Individuationsprozess eine beharrliche Selbstveränderung und auch eine Systemveränderung. Darin wäre der emanzipatorische Aspekt des Individuationskonzeptes zu sehen.[86]

Der Individuationsprozess, der dem dynamischen Aspekt des Archetypus des Selbst entspricht, wird nun symbolisch oft im Wachstumsprozess dargestellt, vor allem im Wachstum von Bäumen. Bäume scheinen besonders gut als Projektionsträger für den Individuationsprozess des Menschen geeignet zu sein. So wie wir Menschen aufrecht in der Welt stehen, steht auch der Baum im Raum: Er ist verwurzelter als wir, aber auch wir erinnern uns an Wurzeln; er muss sich aufrichten in die Höhe, wächst bis zu seinem Tod, in seinem Aufrichten muss er stehen, widerstehen, standhalten, wie wir es auch tun. In seiner Krone entfaltet er sich, hat er allenfalls Früchte, ist er fruchtbar, breitet er sich in die Welt aus. Seine Krone ist gleichzeitig auch ein Dach, ist Schutz, gibt den Vögeln Gelegenheit zu verweilen. Der Baum verbindet sich der Erde, der Tiefe, dem Wasser; der Baum verbindet sich dem Himmel. So wie wir Menschen zwischen Oben und Unten stehen, steht auch der Baum zwischen Oben und Unten. Er verändert sich durch Jahreszeiten hindurch. Seine Lebensgeschichte ist an ihm ablesbar.

Im Symbol des Weltenbaums – der oft auch ein Lebensbaum ist, etwa die Weltesche Yggdrasil, ein Symbol des Universums, aber auch der kosmischen Erneuerung – drückt sich sowohl zyklische Wandlung des Lebens aus als auch die Fortdauer des Lebens, das ewige Leben. So werden denn auch in unseren Sprichwörtern Menschen sehr oft mit Bäumen verglichen, aber auch übertragen auf Teile des Baumes finden sich Ausdrücke, wie »Der Apfel fällt nicht weit vom Stamm« oder »Der ist aus gutem Holz geschnitzt« oder eben »nicht aus gutem Holz« usw. Koch sagt als Einleitung zu seinem bekannten Baumtest: »Das Wachstum der Seele lässt sich im Wachstum eines Baumes abbilden.«[87] Von Franz erklärt im Buch »Der Mensch und seine Symbole« – ein Versuch, die Jung'sche Psychologie verständlich darzustellen – den Individuationsprozess am Wachstum eines Föhrensamens, der irgendwann zu einer Föhre wird. Dabei fällt der Samen zu einer bestimmten Zeit an einen bestimmten Ort. Ob er keimt oder ob er nicht keimt, das ist die erste Frage. Keimt er, dann hat er es mit bestimmten Witterungsumständen zu tun – vergleichbar den Lebensumständen, in die ein

Kind hineingeboren wird. Diese Föhre wächst langsam heran. Es wäre ziemlich sinnlos, von einer Föhre ein Leben lang zu wünschen, eine Eiche geworden zu sein, was, übertragen auf menschliches Leben, durchaus vorkommt. Zum Individuationsprozess jedoch gehört, sich einverstanden zu erklären mit dem, was man ist (nicht aber in dem Sinne, dass man nichts verändern will), sich einverstanden erklären mit gewissen Grundbedingungen, die nicht wegzudiskutieren sind. Gerade indem man diese Grundbedingungen akzeptiert, kann man beharrlich Grenzüberschreitung üben.

Ein Baum wird auch Verletzungen haben, und gerade diese Verletzungen machen seine Individualität aus.

6. Die therapeutische Beziehung

Der therapeutisch induzierte Individuationsprozess

Im therapeutisch induzierten Individuationsprozess lernen wir, auf unbewusste Prozesse zu achten. Das heißt, wir beschäftigen uns mit Symbolen, Träumen, Emotionen, vor allem aber auch mit Erfahrungen in Beziehungen, auch in der analytischen Beziehung, denn in der Auseinandersetzung mit dem Du, in Beziehungsmustern und in Beziehungssehnsüchten, zeigt sich sehr viel auch von unserer unbewussten Psyche. Oft werden die jeweils anstehenden Entwicklungsthemen in Symbolen an das Bewusstsein herangetragen, und in der schöpferischen Auseinandersetzung mit den Symbolen entwickelt sich die Persönlichkeit, lösen sich Probleme – gelegentlich auch nur dadurch, dass man aus einer anderen Perspektive die Probleme und die Lebenssituation sehen kann, vielleicht sogar mit Humor, oft aber auch dadurch, dass man intensiv an Komplexkonstellationen arbeitet, was harte Arbeit ist. Viele Probleme werden nach Jung gelöst, indem die natürliche Entwicklungstendenz im Menschen angeregt wird, so dass der Mensch die Probleme überwachsen kann. Er sieht sie dann aus einer anderen Perspektive. Dazu Jung: »Dieser Vorgang der Menschwerdung wird in Träumen und inneren Bildern als eine Zusammensetzung aus vielen Einheiten, als eine Sammlung von Zerstreutem einesteils, anderenteils als allmähliches Hervortreten und Deutlichwerden von etwas, das stets vorhanden war, dargestellt. [...] Einesteils ist die Bewusstwerdung, als eine Zusammenführung abgesplitterter Teile, eine bewusste Willensleistung des Ich, anderenteils aber bedeutet sie auch ein spontanes Hervortreten des Selbst, das von jeher war. Einerseits erscheint die Individuation als Synthese einer neuen Einheit, die zuvor aus zerstreuten Teilen bestand, andererseits aber als Offenbarwerden eines Wesens, das dem Ich präexistent, ja, dessen Vater oder Schöpfer und dessen Ganzheit es ist. Wir erschaffen gewissermaßen das Selbst durch das Bewusstmachen unbewusster Inhalte [...]. Wir werden zu dieser Bemühung aber veranlasst durch das unbewusste Vorhandensein des Selbst, von dem stärkste Bestimmungen zur Überwindung der Unbewusstheit ausgehen.«[88]

Jung geht davon aus, dass der Mensch zu Dissoziationen neigt, zu Spaltungen, und dass im Individuationsprozess diese Spaltungen überwunden werden können, wodurch die eigentliche Persönlichkeit, die wir sind, immer mehr ein Gesicht bekommt. In diesem Zitat wird aber auch deutlich, wie sehr der Individuationsprozess ein Prozess der Auseinandersetzung zwischen dem Ichkomplex und dem Selbst ist, die sich gegenseitig fundieren. In einer Analyse, deren Ziel der Individuationsprozess ist, werden Erfahrungen, Erinnerungen, Träume, Imaginationen, Bilder wahrgenommen, miteinander verknüpft, und aus dem eigenen Leben entsteht immer mehr die Ahnung von etwas zusammenhängendem Ganzen, das mit Sinnerfahrung einhergeht. Immer mehr versteht man das eigene Schicksal, kann sich damit auch einverstanden erklären.[89]

Der Individuationsprozess kommt der spirituellen Sehnsucht des heutigen Menschen entgegen, der Sehnsucht nach Erfahrungen von Einheit mit sich, mit der Natur, mit dem Göttlichen – auch im eigenen Leib –, nach einer körperbezogenen Geistigkeit, einer mystisch-sozialen Spiritualität, die Erfahrungen der Einheit sucht, bei sich sein und gleichzeitig über sich selbst hinaus will, und gerade in dieser Haltung soziale Verantwortlichkeit für Mitmenschen, für die Mitwelt wahrnehmen möchte. Die Suche nach Sinn und die Sorge um die Welt müssen sich nicht widersprechen.

Wer sich immer wieder Fragen nach dem Sinn des Lebens stellt, Sehnsucht nach umfassenderen Wurzeln des Lebens verspürt, spirituelle Bedürfnisse hat, kann vieles davon im Individuationsprozess erfahren. Innerhalb dieses Prozesses wird aber auch an Komplexepisoden gearbeitet, an Problemen, die sich in Beziehungen ergeben, löst man sich von den Elternkomplexen ab.

Das Schöpferische im Individuationsprozess

Eine schöpferische Haltung zu gewinnen wird im therapeutischen Prozess nach C. G. Jung, im Individuationsprozess, als das entscheidend therapeutisch Wirksame angesehen, neben und im Zusammenhang mit der therapeutischen Beziehung. In der Individuation ist der schöpferische Prozess auf der Persönlichkeitsebene gefragt, die Entwicklung einer schöpferischen Haltung in jedem Menschen. Dazu passt das Therapieziel, das Jung 1929 formulierte: »Die Wirkung, auf die ich hinziele, ist die Hervorbringung eines seelischen Zustandes, in welchem mein Patient anfängt, mit seinem Wesen zu experimentieren, wo nichts mehr für immer gegeben und hoffnungslos versteinert ist, eines Zustandes der Flüssigkeit, der Veränderung und des Werdens.«[90]

Diese Definition eines Therapieziels wirkt enthusiastisch – und reißt mit, auch wenn man natürlich in Gefahr ist, gleich Einwände zu erheben, die Realitätskontrolle zu bemühen. Ist das möglich? Es ist eine Vision. Schöpferisch werden soll der Mensch – und das hieße dann auch, dass er mit den Schwierigkeiten des Lebens, die ja immer wieder auftauchen, besser umgehen kann. Schöpferisch-Werden als Gegensatz zum Verharren in lähmender Gewohnheit – wo sich nichts verändern darf; Beweglichkeit anstelle von Versteinerung, die man auch mit Resignation gleichsetzen könnte. Der Ausdruck »Flüssigkeit« lässt an Wasser denken, Wasser, das die Untiefen auffüllt, um Steine herumfließt, neue Wege findet, wenn es notwendig ist. Das wäre eine schöpferische Haltung, die dann hilft, wenn man eben nicht weiß, wie das Leben zu handhaben ist.

Für Jung gibt es ein schöpferisches Prinzip, das alles durchwaltet, was es gibt auf der Welt. An dieses schöpferische Prinzip, das natürlich auch im Menschen wirkt, körperlich und seelisch, muss der Mensch angeschlossen sein. Dann lebt er in einer schöpferischen Haltung und ist seinen Ressourcen angeschlossen, dann können auch seine Selbstheilungskräfte wirksam werden. Das gilt natürlich nicht nur für einen therapeutisch induzierten Individuationsprozess, das gilt für das Leben eines jeden Menschen.

»Das Schöpferische lebt und wächst im Menschen wie ein Baum im Boden, dem er seine Nahrung abzwingt. Wir tun daher gut daran, den schöpferischen Gestaltungsprozess wie ein lebendiges Wesen anzusehen, das der Seele des Menschen eingepflanzt ist.«[91] Dieser schöpferische Impuls gestaltet auch die Persönlichkeit. Im Zarathustra-Seminar sagt Jung pointiert: »In creation you are created.« Im schöpferischen Prozess wird auch die eigene Persönlichkeit gestaltet. Deshalb ist es absolut notwendig, so Jung, dass jeder Mensch im Individuationsprozess sich seines schöpferischen Instinkts bewusst wird, Instinkt verstanden als Antrieb ohne bewusste Motivierung, ungeachtet dessen, wie ausgeprägt dieser sein mag.[92]

Übertragung und Gegenübertragung

In einer therapeutischen Behandlung nach C. G. Jung ist es wichtig, das Unbewusste und seine Symbole zu beleben, so dass der Mensch schöpferisch mit den Problemen und der eigenen Wesensart umgehen kann.

In Situationen, in denen der Ichkomplex nicht hinreichend kohärent ist, muss diese Kohärenz zunächst ermöglicht werden.

Symbole werden in einer therapeutischen Beziehung dann belebt, wenn der Analytiker[93] der Gesamtpersönlichkeit des Analysanden Interesse entgegenbringt, seiner Eigenart, den Möglichkeiten und den Verhinderungen. Dieses Interesse belebt in der Regel das Unbewusste und bewirkt, dass Symbole wahrgenommen werden und ihnen eine Bedeutung beigemessen wird. Diese Symbole müssen dann auch gestaltet und gedeutet werden.

Das Therapieziel ist, Entwicklungsimpulse, die sich in der eigenen Psyche regen, aufzunehmen. Damit gewinnen Menschen mehr Kompetenz im Umgang mit sich selbst und anderen: Sie verstehen sich selbst besser, auch ihre abgründigen Seiten, deren Projektionen in der Folge leichter erkannt werden können. Autonomer, beziehungsfähiger und immer authentischer zu werden, ist das umfassende Ziel.

Das Beleben des Unbewussten findet in der analytischen Beziehung statt, in einer Ich-Du-Beziehung, in einer Situation also, wo immer schon der eine Mensch vom andern lernen kann, in einer konzentrierten Begegnung, wo neue Seiten in uns belebt und erschlossen werden können. Diese analytische Beziehung unterscheidet sich von alltäglichen Beziehungen dadurch, dass dem Phänomen von Übertragung und Gegenübertragung große Aufmerksamkeit zugewendet wird.

Jung hat sich bereits 1946 in seiner Arbeit über »Die Psychologie der Übertragung« eingehend mit Übertragung und Gegenübertragung auseinandergesetzt – den Terminus »Gegenübertragung« hatte er im Übrigen schon 1929 in die therapeutische Diskussion eingebracht – und hat damit die meines Erachtens kompletteste Übertragungs-, Gegenübertragungs- und Beziehungstheorie publiziert.

Mein Übertragungs-Gegenübertragungs-Schema (vgl. Diagramm) lehnt sich an das von Jung an, der es allerdings an einem alchemistischen Text exemplifizierte.[94]

Zwischen dem Ich des Analytikers und dem Ich des Analysanden findet eine Beziehung statt. Unter Beziehung verstehe ich in einer analytischen Situation die ganzen Bereiche der Begegnung, in der ich als Analytiker als reale Person wahrgenommen werde und auch als solche in Kontakt trete mit dem Analysanden.[95] Unter Übertragung versteht man die Verzerrung von Wahrnehmungen in Beziehungen; dabei werden frühere Beziehungsmuster (Komplexe) auf den Analytiker oder

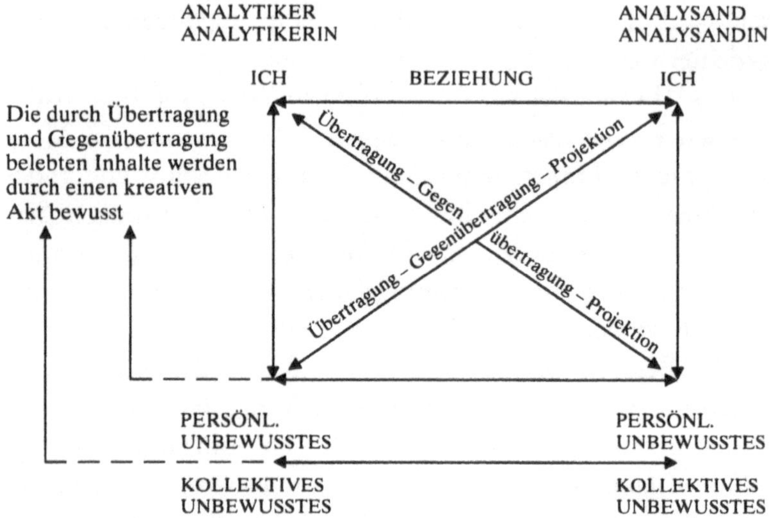

auf die Beziehung zwischen dem Analysanden und dem Analytiker übertragen. Die Übertragung ist in der Regel ein Kompromiss zwischen dem ursprünglichen Komplexinhalt und der Abwehr. Übertragen werden nicht nur Komplexinhalte und Beziehungsmuster, sondern auch archetypische Bilder.

Unter Gegenübertragung verstehe ich die gefühlsmäßige Reaktion des Analytikers auf den Analysanden, insbesondere auf diese Übertragungssituationen. Zwischen dem Unbewussten des Analytikers und dem Unbewussten des Analysanden scheint eine geheimnisvolle Beziehung oder eine Fusion zu existieren. Dieses gemeinsame Unbewusste ist in der analytischen Beziehung als Atmosphäre der Beziehung spürbar. Sie dürfte auch Grund dafür sein, dass eine psychische »Ansteckung« möglich ist, indem der Analytiker zum Beispiel die nicht wahrgenommene und nicht ausgedrückte Angst des Analysanden körperlich spürt. Diese unbewusste Beziehung ist Voraussetzung für das, was wir Gegenübertragung nennen und im besten Fall Grundlage für die Möglichkeit des Analysanden, an der Selbstregulierung des Analytikers teilzuhaben, wenn diese beim Analytiker funktioniert. Diese unbewussten Vorgänge, vielleicht sogar diese unbewusste Identität der beiden, ermöglichen es, dass archetypische Konstellationen und Komplexkonstellationen durch das Bewusstsein des Analytikers in seiner Psyche wahrgenommen werden können, dass er für diese emotionalen Schwingungen ein Bild findet – sei es ein archetypisches, sei es ein persönliches –, so dass in einem schöpferischen Akt des Analytikers eine wesentliche symbolische Situation bewusst werden kann. In diesen Situationen fühlt sich der Analysand verstanden, das heißt, eine wichtige emotionelle Erfahrung ist also bestätigt, in einer Art verstanden und auch zurückgemeldet worden, dass sie wesentlich zum Selbstverständnis des Analysanden, aber auch zum Verständnis seiner Situation beitragen kann. Insbesondere hat er dann auch den Eindruck, verstanden werden zu können.

Wesentlich zur Gegenübertragung gehört, dass ein Bild, eine Erinnerung, ein Märchen, eine Emotion, ein Einfall des Analytikers nicht aus dem Fluss des Geschehens zwischen Analytiker und Analysand zunächst zu erklären, nicht logische Konsequenz der Kommunikation sind, sondern scheinbar querstehen zu dem, was auf der bewussten Ebene geschieht. Eine weitere typische Möglichkeit der Gegenübertragungen sind Gefühle und Reaktionsweisen, die im Analytiker herausgefordert werden und die der ursprünglichen Interaktion des Analysanden zu Beziehungspersonen ähnlich sind. Aus dieser Art der Gegenübertragung kann man dann diagnostische Hinweise auf problematische Beziehungsmuster erhalten; nicht selten sind das auch Übertragungs-Gegenübertragungs-Situationen, die kollusiv aufgespalten sind, das heißt, einer spielt die eine Rolle, der Andere die Gegenrolle, und man kann dieses Rollenverhalten – obwohl man einsieht, dass es ein Rollenverhalten ist – nicht aufgeben. Diese spezielle Situation von Übertragung und Gegenübertragung hängt damit zusammen, dass in den Komplexen schwierige Beziehungsmuster unserer Kindheit sich abbilden, die sich sehr leicht wieder auf zwei Menschen polar aufspalten.

Es gibt auch eine Art der illusionären Gegenübertragung, bei der der Analytiker Dinge beim Analysanden sieht, die kaum vorhanden sind, oder nicht in der Bedeutung, die er ihnen beimisst. In diesem Fall spreche ich von Übertragung, und zwar von Übertragung des Therapeuten auf den Analysanden.

Auch die Gegenübertragungen des Analytikers sind ein Kompromiss zwischen den Bildern, den Emotionen, die uns einfallen, und unseren Abwehrvorgängen. Fallen uns zum Beispiel sehr aggressive Bilder ein, dann werden wir diese schlecht mit unserem Selbstbild vereinen können, also wehren wir sie auch ab. Das Gleiche gilt für Bilder sexuellen Inhalts.

Erlebtes Verstandenwerden in der therapeutischen Beziehung

Umschlagspunkte in der Analyse

Von Umschlagspunkten spreche ich, wenn eine neue Symbolbildung möglich ist, wenn Symbole auftreten, die bisher nicht erfahrbar waren und die einen Zugang zu anderen Emotionen als bisher, damit auch zu neuen Verhaltensweisen, Einsichten und Hoffnungen ermöglichen. Dieses Auftreten von neuen Symbolen in der Analyse – oft nach einer längeren »Plätscherzeit« – hängt mit besonderen Situationen von Übertragung und Gegenübertragung zusammen, die näheres Verstehen ermöglichen. Der theoretische Schlüssel zum Verständnis dieses Zusammenhangs ist im Begriff des Komplexes verborgen.

In der Phantasietätigkeit phantasiert sich ein Komplex aus, er kann zum Umschlagspunkt von Gebundenheit zu Freiheit werden. In dieser Phantasie liegt auch die Energie, die zur Weiterentwicklung des Individuums benötigt wird. Solange diese Komplexe unbewusst sind – emotional unverstanden –, sind sie in Übertragung-Gegenübertragung erfahrbar, und zwar oft auch im Sinne einer kollusiven Übertragung-Gegenübertragung.[96]

An einem Beispiel[97] aus der therapeutischen Arbeit möchte ich solche Verdichtungssituationen beschreiben, die Umschlagspunkte in der Analyse sind, wo Symbole deutlich als Brennpunkt der Entwicklung erfahrbar werden, wo sichtbar wird, dass sich an ihnen Erinnerung und Erwartung konstelliert. Dabei möchte ich zeigen, dass das Beachten von Übertragung-Gegenübertragung und das Beleben der Symbole keineswegs konkurrierende Verfahren sind, sondern einander bedingen.

Erlebtes Verstandenwerden in der therapeutischen Beziehung als Voraussetzung für die Symbolbildung

Ein 63-jähriger Mann ist vorzeitig pensioniert worden wegen einer Umstrukturierung in seiner Firma, als diese Firma durch eine junge Generation übernommen wurde. Er hatte die Stelle eines Abteilungsleiters inne. Ihm blieb die Wahl, sich umschulen zu lassen, oder in Pension zu gehen. Da er sich nicht *für* etwas entscheiden konnte, wurde irgendwann allgemein angenommen, er lasse sich pensionieren.

Es fallen zwei sehr entscheidende Kränkungen auf: Die Sohngeneration macht Veränderungen, die ihm, dem Vater, keinen Platz mehr lassen, und, da er sich offenbar nicht entscheiden kann (er fühlt sich sehr blockiert), wird er auch nicht gefragt; es wird gehandelt. Indirekt gibt man ihm damit zu verstehen, dass seine Mitarbeit nicht mehr sehr wichtig sei.

Pensioniert nun, sitzt er zu Hause herum, liest Zeitung, ist müde, ohne jede Energie; seine Frau beharrt darauf, ihm müsse etwas fehlen. Die Beziehung zwischen den beiden wird immer gespannter, es gibt immer mehr Streitereien, für die er sich eigentlich auch zu lustlos fühlt. Nicht einmal die Großkinder interessieren ihn mehr. Er sagt von sich, er habe keine Interessen, fühle sich leer, habe Schlafstörungen, habe kein sexuelles Interesse mehr, er fühle sich alles in allem ausgestoßen, nutzlos, und das bereits seit vier Monaten. Pensioniert ist er seit sechs Monaten. Er reagiert also mit einer depressiven Verstimmung auf die Pensionierung. Dazu kommt, dass er sich selbst zusätzlich unter Druck setzt: Jetzt hätte er doch endlich Zeit, alles zu tun, was er sich früher einmal vorgenommen habe zu tun: Jetzt könnte er die Dias ordnen, jetzt könnte er alte Zeitungsausschnitte lesen und ordnen … Aber jetzt, wo er Zeit habe, habe er keine Energie.

Zum Therapieverlauf: Erste Begegnung: Mir gegenüber sitzt ein sehr höflicher Mann. Er sagt, dass es ihm nicht gut gehe, erzählt die Geschichte seiner Pensionierung und dass er damit eben nicht zurechtkomme.

Das Therapieziel ist deutlich formuliert: Er möchte mit seiner Pensionierung zurechtkommen.

In seiner Erzählung ist er sehr knapp, er wiederholt nur immer wieder, dass es ihm nicht gut gehe. Auf meine Frage, ob er sich von seiner Firma schlecht behandelt fühle, schaut er mich erstaunt an: »Schon, ja …«, aber es sei doch eigentlich verständlich von der Firma aus. Ich spüre eine Leere, die sich ausbreitet, und ich wehre diese Leere in mir ab, ich will mich nicht entleeren lassen. Dieses Gefühl der Leere, das vermutlich sehr viel mit der abgewehrten Kränkung, der Enttäuschung zu tun hat – Hinweis darauf, dass er vielleicht besser mit einer Depression leben kann als mit einer großen Wut –, spreche ich in dieser Situation nicht an, auch weil mir bisher nicht deutlich ist, wie kohärent sein Ichkomplex ist. Ich nehme diese Gefühle der Gegenübertragung in mir wahr. Im Gespräch einigen wir uns auf das Therapieziel, mit der durch die Pensionierung verursachten Kränkung zurechtzukommen.

Ich erkläre ihm, es sei mir wichtig, wenn er Träume beibringen könne, dass ich auch mit Phantasien arbeitete, mit Bildern, damit wir seine Situation nicht nur vom Bewusstsein her durchleuchten, sondern auch von seinem Unbewussten, von seiner Psyche Hinweise bekommen könnten, wie sein Leben weitergehen solle.

Grundthema einer Depression ist die Notwendigkeit, man selbst zu sein; was das heißt, kann nur aus der eigenen Psyche an das Bewusstsein herangetragen werden – allenfalls durch die Vermittlung eines Therapeuten oder einer Therapeutin.

In den nächsten Begegnungen sprechen wir von der Lebensgeschichte: Er ist an dem Ort, an dem er jetzt noch lebt, aufgewachsen, ist einziger Sohn nach drei Töchtern. Sein Vater arbeitete schon in derselben Firma wie er, zuletzt in der gleichen Position. Die Familie, aus der er stammt, schildert er als ganz normale Familie, mit einer guten Mutter. Er sei aufgewachsen wie alle anderen auch: gehorchen, arbeiten, Pflicht erfüllen. Das sei es etwa gewesen. Er habe dann eine Lehre in *der Firma* gemacht und sei mit der üblichen Geschwindigkeit aufgestiegen. Mit 26 Jahren habe er geheiratet, er habe eine gute Frau, drei Kinder, zwei Söhne und eine Tochter: Keines der Kinder arbeite in der Firma, und das sei wohl auch gut so, wie die Sachen liegen. Er hat bereits Enkelkinder, an denen er normalerweise Freude hat, aber jetzt eben nicht.

Während er mir diese Informationen gibt, knapp und klar, habe ich zwar das Gefühl, eine Information zu bekommen, aber nicht wirklich Kontakt zu ihm als Menschen. Deshalb schließe ich daraus, dass er wohl auch wenig Kontakt zu sich selbst hat. Das bleibt so während einiger Wochen; ich sehe ihn zweimal wöchentlich. Er erzählt mir von seinen Problemen, er erzählt mir auch einiges aus seiner Lebensgeschichte, aber ich spüre ihn kaum.

Wenn es nun darum geht, einen anderen Menschen zu verstehen, ihm emotional auch eine Bestätigung zu geben, dann ist es natürlich auch eine sehr wichtige Voraussetzung, dass wir diesen Menschen spüren können. Menschen, die sich selber gut spüren, können auch von andern leicht gespürt werden. Bei Menschen, denen das schwerfällt, braucht es oft einen langen Prozess bis dahin.

Am ehesten spüre ich ihn, wenn er jammert, wenn er sagt, er könne nicht schlafen, wie das denn nur werden solle, falls die Therapie auch nichts nütze. Ich spüre ein wenig seine Angst, die Therapie könne nichts nützen, aber mehr noch die Angst, diese Angst anzusprechen. Ich gebe ihm zu verstehen, dass ich seine Angst gut verstehen könne, frage ihn auch, ob er nicht manchmal dächte, die Therapie könnte etwas schneller vorangehen. Darauf erwidert er: »Ich denke schon, dass Sie Ihr Bestes tun.«

Angesichts dieser Situation überlege ich mir wieder einmal, was ich denn noch tun könne in dieser Situation. Auch ich bin etwas verzweifelt, nehme meine Verzweiflung auf und wahr, und dann taucht in meiner Vorstellung ein Bild auf: Ich sehe mich plötzlich als Rettungsschwimmerin. Ich bin unter Wasser, sehe zwar den Ertrinkenden – meinen Analysanden – immer irgendwo, aber ich kann ihn nicht packen, weil ja die Abstände unter Wasser anders sind. Mir selber geht langsam, aber sicher die Luft aus. Beim realen Rettungsschwimmen würde man in einem solchen Fall noch einmal ausatmen, noch einmal zupacken, dann aber an die Oberfläche zurückkommen, um zunächst sich selber zu retten.

Diese Gegenübertragungsreaktion in der 32. Stunde, etwa ein halbes Jahr nach Beginn der Therapie, ist für mich sehr wichtig. Natürlich habe ich die Tendenz, verschiedene Verfahren einzusetzen, aktiv zu werden, der verständlichen Ungeduld des Patienten zu entsprechen, obwohl ich weiß, dass das nicht der Weg ist, der zum Ziel führt. Alle meine Aktivität wäre zum Scheitern verurteilt, weil es ja nicht um meine Aktivität, sondern um seine geht, deshalb ist das Bild mit dem Rettungsschwimmen sehr hilfreich. Ausatmen, noch einmal zupacken würde heißen, doch noch einmal versuchen, ihn zu spüren; auf jeden Fall aber wird man keine neuen Schwimmstile bei einem, der unter Wasser ist, anwenden.

Ich habe dieses Gegenübertragungsbild für mich wahrgenommen, für mich auch mich entschlossen, nicht mehr lange zuzuwarten. In die nächste, die 33. Stunde, bringt er mir einen kleinen Traum: »Ich sehe eine Wiese. Das Gras wurde zu lange nicht geschnitten.« Ich bitte ihn, den Traum sich noch einmal vorzustellen, und er sagt, das Gras sei halt geknickt, vertrampelt, man habe es lange nicht geschnitten; die Ernte sei nicht eingebracht worden. Während er das sagt, spüre ich etwas Empörung heraus. Wir einigen uns darauf, dass es sehr schade sei, dass die Ernte nicht eingebracht ist; er kann eine Verbindung des Traumes zu seinem Leben nicht herstellen.

Das Symbol, das sich hier anbietet, wird noch ganz konkret gesehen. Er erwähnt, dieser Traum erinnere ihn an die jungen Leute heute; die seien doch einfach nicht mehr sorgsam. Gras sei doch etwas wert, es sei bei uns wie in den Alpen: Da würden alle auswandern, und nur noch die Greise blieben zurück.

In der Projektion ist eindeutig etwas Wut auf die jungen Leute zu spüren, und ich frage mich, ob da vielleicht auch etwas Wut auf seinen jungen Chef mit angesprochen sei. Ich überlege mir allerdings auch, ob diese Wut auch eine Wut auf mich sein könne. Um das abzuklären, frage ich ihn, was es für ihn bedeute, dass ich zwanzig Jahre jünger sei als er.[98] Da schaut er mich freundlich an – als würde er das erste Mal sehen, wie alt ich bin – und sagt, über mein Alter habe er noch nicht nachgedacht. Ihn ärgerten auch nicht generell die jungen Leute, ihn ärgerten die Leute, die so verantwortungslos handelten. Ich bemerke dann, sein neuer Chef sei ja auch jung gewesen. »Jung schon, aber nicht verantwortungslos«, das könne man ihm auch wieder nicht nachsagen. Ich lenke ihn dann bewusst etwas von diesem Komplexthema ab und frage ihn, ob er denn seine Ernte eingebracht habe. Daraufhin lächelt er verschmitzt und sagt: »Ja, schon«, er habe sein Scherflein schon auf dem Trockenen, allerdings bei dem heutigen Verfall des Geldes sei das natürlich immer noch eine höchst zwiespältige Angelegenheit. Und dann spricht er lange darüber, wie man verarmen kann in der heutigen Welt, wie sehr er in Gefahr ist zu verarmen, und dann schaut er mich an und sagt: »Und für Ihre Generation ist es noch viel schlimmer, kein Mensch mehr wird Rente bezahlen für euch …« usw.

Ich spreche ihn darauf an, dass es doch schwierig sein müsse, wenn die jungen Leute einem von einem Tag auf den anderen bedeuteten, dass man eigentlich nicht mehr gebraucht werde. Ich bitte ihn noch einmal – wir haben das schon verschiedentlich durchbesprochen – zu sagen, was ihm seine Arbeit gegeben habe, alle die Jahre hindurch. Ich versuche, auf eine Art Trauerarbeit zu machen.

Von der Arbeit sagt er, sie habe ihm wenig gebracht, jeder Mensch müsse arbeiten, man habe dafür seinen Lohn; er habe manchmal ein gutes Gefühl gehabt, wenn alles geklappt habe, aber eigentlich habe es nie so geklappt, wie es hätte klappen können. Es setzt eine andauernde subtile Entwertung seiner Arbeit und seiner Persönlichkeit ein im Sinne von: Es war zwar schon alles recht, aber eigentlich hätte alles viel besser sein können, und das wäre ja wohl der eigentliche Grund gewesen, weshalb man ihn nicht mehr habe umschulen wollen. Er war selber schuld! Wie er sich selbst so entwertet, spüre ich den dringenden Impuls, ihm die andere Hälfte seiner Weltsicht anzubieten, weiß aber, dass dies wohl kontraproduktiv sein würde. Ich fühle Ohnmacht, Wut, und ich spüre, dass ich innerlich daran bin, den Analysanden zu entwerten. Ich ertappe mich dabei, wie ich mir überlege, unter welchen Umständen eine Analyse eigentlich möglich ist und unter welchen Umständen nicht. Ich werde also in der Gegenübertragung sehr aggressiv, spüre meine Entwertungstendenz und versuche, diese Entwertungstendenz auch in ihm anzusprechen, indem ich ihm sage, für mich sei es undenkbar, es ein Leben lang auszuhalten, zu arbeiten und dabei immer das Gefühl zu haben, es sei eigentlich nicht gut. Er schaut mich daraufhin wiederum freundlich an und sagt: »Das geht doch den meisten Menschen so, dass sie nicht zufrieden sind mit der Arbeit«, und ich habe wiederum das Gefühl, ihn überhaupt nicht zu verstehen, aber auch, überhaupt nicht verstanden zu werden. Ich frage mich dann auch, ob ich ihm hätte direkter mitteilen sollen, dass ich langsam keinen Atem mehr hätte.

Er erzählt dann, gut an der Arbeit sei gewesen, dass das Leben seinen geregelten Gang gegangen sei, es habe immer alles seine Ordnung gehabt, in der er sich geborgen gefühlt habe. Diese Ordnung habe er eben nun nicht mehr. Und wenn er wieder eine solche Ordnung hätte, würde es ihm sicher gleich wieder sehr viel besser gehen.

Ich frage: »Sie meinen, wenn ich Ihnen genau sagen würde, was Sie tun müssten, würde es Ihnen besser gehen?«

Er: »Wir kämen vielleicht besser vorwärts. Sie wissen doch bestimmt, was ich machen müsste.«

Ich: »Dann ist es also die reine Boshaftigkeit, wenn ich es Ihnen nicht sage.«

Er: »Das kann ich mir auch wieder fast nicht denken.«

Zumindest spüre ich eine Aggression in der Übertragung, aber auch die Forderung, ihm mehr Struktur zu geben für das alltägliche äußere Leben. In der Therapie selber gebe ich ihm recht viel Struktur und weise ihn im Übrigen immer wieder darauf hin, dass die neue Ordnung aus seiner Psyche kommen müsse, dass er sich in einer Umbruchsituation befinde, dass es wenig Sinn habe, wenn er das tue, was ich für richtig halte.

Ich weiß natürlich, warum ich so zurückhaltend bin: Einmal hatte er mir erzählt, er lese viele Zeitungen. Das sei allerdings auch nicht erbauend. Er gehe dann noch eine zusätzliche Zeitung kaufen am Kiosk, aber eigentlich bringe das dann auch nicht wesentlich mehr. Zudem habe er meistens schon wieder vergessen, was er gelesen habe. Ich hatte dazu gesagt, ich hoffte, dass er wenigstens die Zeitung nicht am nächstgelegenen Kiosk kaufe, ein bisschen Bewegung sei sicher ganz gut für ihn, am besten kaufe er sie bei jenem Kiosk, der am Ende des Schwimmbades liege, dann komme er jedes Mal am Schwimmbad vorbei und könne so auch noch eine Runde schwimmen. In der Folge hatte er mir jede Stunde einen Zettel mitgebracht, auf dem geschrieben stand, wie viel Kilometer er zu Fuß und wie viele er zu Wasser zurückgelegt hatte.

Ich bin also wohl zu Recht sehr vorsichtig im Aussprechen von Verhaltensmaßregeln. Er hätte wohl in kurzer Zeit alles getan, was ich von ihm gefordert hätte. Nur hätte ihn das sich selbst auch nicht nähergebracht, sondern allenfalls den depressiven Zirkel verstärkt.

Nachdem wir einige Wochen darüber zu sprechen versuchen, was ihm seine Arbeit gegeben hatte, kommt er einmal in die Stunde und sagt, er habe mit seiner Frau darüber gesprochen, was ihm die Arbeit bedeutet habe, und sie habe ihm gesagt, er sei als arbeitender Mensch sehr zufrieden gewesen, stolz darauf, nützlich zu sein. Er habe sich auch menschlich um seine Untergebenen gekümmert, diese in schwierigen Situationen sogar bei sich zu Hause aufgenommen; er sei ausgesprochen stolz darauf gewesen, dass seine Abteilung so gut funktionierte. Er erzählt dies wie eine auswendig gelernte Hausaufgabe, als gehe es überhaupt nicht um ihn. Ich formuliere diesen meinen Eindruck. Er sagt darauf, er wisse es jetzt auch wieder, dass er eigentlich stolz gewesen sei, aber er habe es wirklich nicht gewusst, als wir miteinander darüber gesprochen hatten; und er wisse es auch bloß. Jetzt komme er sich auch noch undankbar vor. Ich gebe ihm den Hinweis, er habe nun eine Orientierung von seiner Frau bekommen, das sei zwar Information, aber er fühle sich nicht besser verstanden. Und er: »Nein«, er fühle sich überhaupt nicht besser verstanden, sondern er fühle sich nur undankbar. Ich hingegen habe allerdings das erste Mal das Gefühl, ihn wirklich gespürt zu haben, und zwar als Schulkind, das Schulaufgaben heruntersagt, ohne sich wirklich dahinter zu stellen, einfach brav und folgsam, weil man es gefragt hat. Ich erzähle ihm, dass ich ihn so jetzt gespürt hätte. Daraufhin schaut er mich sehr interessiert an und sagt kurz: »Ja«, so habe er sich auch gefühlt. Offenbar fühlt er sich verstanden, denn er bringt von sich aus das Thema »Schulaufgaben« am Ende der Stunde noch einmal auf und sagt, das mit den Schulaufgaben sei wichtig. Es komme ihm vor, als habe er oft Schulaufgaben gemacht: in der Schule, später hätten ihm die Eltern gesagt, was er zu sagen habe, dann seine Frau. Es sei ja ganz angenehm, aber er habe nie gesagt, was er selbst sagen wollte. In der Nacht nach diesem Gespräch – acht Monate nach Beginn unserer

Analyse, nach 54 Stunden – hat er den ersten wichtigen Traum, wie er es nennt.[99]

»Es ist eine große Fahrerei im Traum. Zuerst sitze ich in der Eisenbahn, die Welt flitzt an mir vorbei. Ich lese Zeitung, bin dann plötzlich beunruhigt, weil ich nicht mehr weiß, wie ich ans Ziel komme. Ich weiß auch nicht mehr recht, wo denn das Ziel überhaupt ist. Ich steige bei der nächsten Station aus: Ich bin erleichtert, die Gegend stimmt ungefähr. Ich warte auf einen Bus, fahre wieder mit dem Bus lang in einer Stadt herum, in der ich mich eigentlich auskennen sollte, aber mich doch auch nicht auskenne. Plötzlich bin ich in meinem Auto. Ich habe jetzt auch einen Stadtplan und suche gezielt meinen Weg. Es ist jetzt viel einfacher, weil ich fast überall hindurchfahren kann, wo ich will – außer da, wo Einbahnstraßen sind. Einmal fahre ich auch durch eine Einbahnstraße. Dieser Verstoß gegen die Straßenverkehrsordnung scheint mir gerechtfertigt, es kommt nämlich darauf an, dass ich möglichst rasch jemandem ein wichtiges Medikament bringe. Dann wird der Weg immer schmaler – in der Mitte einer Holzbrücke, die über einen Bach geht, wage ich nicht mehr weiterzufahren. Ich weiß auch nicht, wie ich zurückfahren soll. Ich bin dann aber plötzlich zu Fuß unterwegs, das geht langsam, aber jetzt kann ich wirklich überall hingehen, wo es mir richtig erscheint. Ich werde wach, bevor ich das Ziel erreicht habe.«

Auf die Frage, mit welchen Gefühlen er erwacht sei, antwortet der Träumer: Er habe das gute Gefühl gehabt, kurz vor dem Ziel zu sein. Es wäre schön gewesen, wenn er das Ziel erreicht hätte, aber so bleibe der Traum geheimnisvoller.

Ich lasse den Träumer sich entspannen und bitte ihn, die Wege, die er zurückgelegt hat, noch einmal an seinem inneren Auge vorbeiziehen zu lassen und sich dabei zu spüren. Bei diesem Nacherleben in der Vorstellung wird ihm deutlich, wie sehr es ihn beunruhigt hatte, dass er sein Ziel nicht mehr kannte. Die Spannung zwischen der Gewissheit, dass er ein Ziel erreichen muss, und der Ungewissheit, ob dieses Ziel schon benannt ist, erlebt er noch einmal sehr intensiv. Die Frage nach einem Ziel in seinem Leben beschäftigt ihn in der Folge sehr, besonders die Frage, ob jedem Menschenleben von irgendwoher doch ein Ziel gesetzt sein könne.

Fühlt sich jemand orientierungslos und leer, dann ist es eine wesentliche Erfahrung, wenn der Traum das Thema des Ziels und damit einer Gerichtetheit aufbringt, einer Gerichtetheit, die Energie verlangt und Spürsinn für die Wege, die beschritten werden müssen. Durch diesen Traum und in diesem Traum wurde ein neues Lebensgefühl an den Träumer herangetragen; auch wenn sich das Gefühl der mühsamen Orientierung nicht verleugnen lässt, ist es immerhin eine Orientierung.

Eine deutliche Veränderung im Verhalten des Traumichs wird erlebbar, als er in seinem Auto sitzt, selber das Steuer in die Hand nimmt und darüber hinaus auch noch einen Stadtplan hat, an dem er sich orientieren kann. Er erlebt mit großer Erleichterung, dass er jetzt fast überall durchfahren kann.

Als der Träumer diesen Traum in der Phantasie noch einmal nacherlebt, betont er, wie angenehm es sei, doch einen Stadtplan zu haben, die volle Orientierung wieder zu haben. Er erinnert sich dann, wie er in seinem Leben oft die Orientierung verloren hat, dann seine Frau schalt, weil sie eigentlich zuständig sei für »das Lesen des Stadtplans«. Ihm fällt ein, dass er der Frau nicht die Verantwortung geben kann, weil sie ja gar nicht im Auto ist; und dieses Detail scheint ihm plötzlich sehr bedeutsam. Es wird ihm schlagartig bewusst, dass er von jedermann und besonders von seiner Frau erwartet, dass sie ihm Pläne machen, dass sie ihm Ziele vorschlagen. Dass sie es jetzt nicht tut, nicht einmal daran denkt, es für ihn zu tun, erfüllt ihn mit Wut. Der Traum gibt allerdings dem Träumer zu verstehen, dass diese Wegsuche seine Sache ist, für die er auch voll die Verantwortung übernehmen muss. Inwieweit hier die Wut, die er auf seine Frau hat, mir gilt, lassen wir in diesem Moment unangesprochen.

Der Verstoß gegen die Verkehrsordnung ist es, was er zunächst verantworten muss. Er betont, dass es gerechtfertigt sei, wegen eines höheren Gesetzes – Rettung eines Menschenlebens – ein untergeordnetes Gesetz – Einhaltung der Straßenordnung – zu verletzen. Damit drückt er aus, was vorderhand das Ziel ist: Erhaltung eines Menschenlebens. Er überlegt sich dennoch, mit welcher Buße er zu rechnen habe, erzählt, wie schade es sei, wenn er eine Buße bekomme, sei er doch so viele Jahre ohne Buße gefahren; diese Überlegungen machen deutlich, wie wesentlich das Erreichen des Ziels im Traum ist: dass er, der sich sonst so stur an die Regeln im Straßenverkehr hält, diese sogar übertritt und in Kauf nimmt, mit den Ordnungshütern »zusammenzustoßen«. Beim Autofahren – im Unterschied zu den anderen Verkehrsmitteln, die er benutzt – wird das Übernehmen der eigenen Verantwortung deutlich, aber auch im Übertreten der für ihn sonst gültigen und akzeptierten Ordnung. Diese Spannung formuliert er: »Wenn ich individuelle Wege gehe, dann werde ich vielleicht in Konflikt geraten mit gültigen Vorschriften.« Auf die Frage, ob er sich denn eine solche Situation vorstellen könne, fällt ihm ein, er könnte sich noch einmal verlieben. Er verwirft dann diese Möglichkeit rasch wieder wegen der Komplikationen; aber immerhin ist eine Sehnsucht angesprochen.

Der Träumer fährt den Weg aus, soweit es möglich ist; mitten auf einer Brücke aber wagt er nicht mehr weiterzufahren. Im Nacherleben des Traumes schildert er das Gefühl, das ihn auf dieser Brücke befiel. Ihn habe plötzlich der Mut verlassen, das Geländer sei so bedrohlich nahegekommen, vielleicht hätte er ja weiterfahren können, aber er habe sich an Situationen erinnert, wo er sich zwar noch einen Weg ertrotzt, dann aber größte Mühe gehabt habe, diesen Weg auch wieder zurück zu wagen.

Bedenkt man die Traumsituation, dann scheint es auch nicht wesentlich besser zu sein, mitten auf einer Brücke das Auto abzustellen, ganz abgesehen davon, dass es unklar ist, wie in dieser Situation die Türen geöffnet werden sollten, denn die

Brücke scheint ein Geländer zu haben. Der Traum zeigt also einen Menschen, der auch bei beengten Möglichkeiten ausschöpft, was auszuschöpfen ist, den aber plötzlich der Mut verlässt. Beachtet man das Ende des Traums, dann wird wesentlich, dass er jetzt zu Fuß geht, langsam, aber wirklich den eigenen Weg. Das Aussteigen aus dem Auto erscheint im Bezug auf die Freiheitsgrade im Wählen des eigenen Weges, im Sinne der autonomen Entscheidungen als vorläufiges Ziel des Traumes, auch wenn es langsam geht und, wie der Träumer anmerkt, auch wenn er sehr viel leichter ermüden wird. Diese entscheidende Veränderung des Mittels der Fortbewegung auf dem Weg zu seinem Ziel – und das ist wohl auch der Lebensweg – findet auf der Brücke statt. Diese Brücke wird dem Träumer im Nacherleben des Traumes sehr wichtig als Übergang, als Verbindung; er stellt fest, dass es eine Brücke gibt über dem Abgrund, vor dem er sich so sehr fürchtet. Aber diese Brücke zwingt ihn, aus dem Auto auszusteigen. Das ist wohl gerade die Brücke: sich auf seine individuelle Kraft und auf seine individuelle mögliche Geschwindigkeit zu besinnen. Jetzt kann er nicht mehr schnell sein Ziel erreichen wollen, sondern muss sich Schritt um Schritt seinem Ziel nähern. Und das wäre vielleicht die Rettung eines Menschenlebens, wie der Traum es ausdrückt.

Dieser Traum war als Erlebnis für den Analysanden und als Wendepunkt im analytischen Prozess ganz wichtig. Der Träumer hatte den Eindruck, er habe eine wichtige Botschaft an ihn aus ihm selbst bekommen. Zudem vermittelte ihm der Traum das Gefühl, dass er autonom sein könne und auch autonom sein dürfe. Die Faszination, ein Ziel vor sich zu haben, und die Angst, dieses Ziel doch zu verpassen, waren beide spürbar. Durch den Traum wurden sein Phantasieleben sehr belebt und sein Selbstbewusstsein gestärkt. Der Traum brachte ihn dazu, aus seiner Lebenssituation ganz andere Geschichten zu erinnern, viel emotionaler, als er sie bis jetzt erinnert hatte, insbesondere im Zusammenhang mit seiner Frau, die er immer dazu gebracht hatte, das Leben für ihn zu organisieren, und die er dann dafür schalt. Die Übertragung dieser Situation auf mich konnte jetzt auch angesprochen werden. Dann aber weckte der Traum auch Themen, die die Zukunft betreffen, Themen der Erwartung und der Hoffnung, des Bezogenseins auf eine neue Zielvorstellung hin. Er brachte eine große Belebung.

Auch für mich ist eine Veränderung spürbar. Ich sehe plötzlich auch ein Ziel. Das gibt mir eine Entlastung, auch wenn immer wieder die Leere erlebbar ist. Ich habe das Gefühl – um im Bild vom Rettungsschwimmen zu bleiben –, dass der Mann jetzt über Wasser ist, selbständig aktiv auf ein Ziel zu schwimmen kann und nur ab und zu einmal wieder untertaucht. Im Zusammenhang mit der Freude über seine Autonomie fällt dem Analysanden plötzlich ein, dass es psychisch ja sehr günstig war, dass er den Umschulungslehrgang ausgeschlagen habe; da habe er sich ja das erste Mal entzogen. Er habe sich zwar nicht direkt geweigert, das wäre ja noch besser gewesen, aber immerhin, er habe sich doch entzogen.

Dieser Traum war so etwas wie ein Initialtraum in eine zwar nicht traumreiche, aber immerhin traumbegleitete Analysezeit. Die Wut auf die vorzeitige Pensionierung, die Aufarbeitung der Kränkung leistete er nach zwei Jahren Therapie.

An diesem Beispiel wird meines Erachtens sehr deutlich, dass erst dann, wenn man einen Analysanden wirklich spürt und man dieses Spüren auch vermitteln kann, ein symbolischer Prozess einsetzen kann, der weiterführt. Allerdings braucht es in gewissen Situationen lange, bis man einen Menschen wirklich spürt.

7. Der Schatten im Zusammenleben

Der Schatten und die Persona

Wo Licht hinfällt, da entsteht auch Schatten; sieht man Schatten, ist auch eine Lichtquelle auszumachen: Hell und Dunkel bedingen einander, gehören zusammen. Was in der Natur gilt, gilt auch für die Persönlichkeit: Wir stellen gewisse Aspekte von uns ins Licht, diese sollen gesehen werden, und dadurch geraten andere Aspekte von uns in den Schatten. Oder aber wir versuchen schon von vornherein, gewisse Seiten von uns im Halbdunkel zu lassen – oder auch ganz im Dunkeln.

Diese Metapher von Licht und Schatten weist auf zwei Konzepte von C. G. Jung hin, die einander bedingen: Persona und Schatten. Unter dem Schatten eines Menschen verstehen wir jene Persönlichkeitszüge, die auf gar keinen Fall offen vor der Welt daliegen und gesehen werden sollen. Tun sie es doch, verliert der Betreffende zumindest vorübergehend das Gesicht, was bei den meisten Menschen mit Scham und Angst verbunden ist.

Beim persönlichen Schatten eines Menschen kann es sich um eine einzelne Eigenschaft der Persönlichkeit handeln, die mit einem bestimmten Verhalten verbunden ist und die von diesem Menschen nicht akzeptiert werden kann, zum Beispiel Neid oder Geiz; es können damit aber auch alle zu einem gewissen Zeitpunkt bewussten Eigenschaften und Verhaltensweisen gemeint sein, die wir an uns selber nicht annehmen können und daher verdrängen. Es gibt aber immer auch Schatten, der uns selber verborgen ist.

Das psychologische Konzept des Schattens ist von großer Relevanz; Jung erwähnte es wohl erstmals 1912[100] im Zusammenhang mit dem Thema des »Schattenbruders« in *Die Elixie-*

re des Teufels bei E. T. A. Hoffmann. Die Auseinandersetzung mit dem Schatten blieb seither ein Thema im Denken Jungs; insbesondere im Jahr 1939 sowie 1945 und 1946 ist in seinem Werk oft vom Schatten die Rede. 1948 wurde von Erich Neumann, einem bedeutenden Schüler Jungs, eine Schrift zum Thema publiziert: *Tiefenpsychologie und neue Ethik,* eine Auseinandersetzung mit dem Schatten und ein Vorschlag, wie er integriert werden könnte.

»Gefunden« wurde nach Jung das Schattenthema von Sigmund Freud. Jung sieht die Freud'sche »Aufklärungsmethode« als eine »minutiöse Ausarbeitung der menschlichen Schattenseiten«[101]. Sie lasse einem keine Illusionen über das Wesen des Menschen, sie sei das beste Gegengift gegen eine zu idealistische Sicht der menschlichen Persönlichkeit. Jung fügt aber noch hinzu, und das ist typisch für Jung'sches Denken, dass man den Menschen nicht ausschließlich von seiner Schattenseite her erklären dürfe. »Schließlich ist ja nicht der Schatten das Wesentliche, sondern der Körper, der den Schatten erzeugt.«[102] In der Jung'schen Psychologie spielt demgemäß nicht nur die Pathologie des Menschen eine Rolle, sondern der Mensch wird auch in seinen Stärken gesehen; sie ist von vornherein eine auf Ressourcen hin orientierte Psychotherapie.

Der Schatten wurde, wie der »Schattenbruder« in *Die Elixiere des Teufels* von Hoffmann zeigt, in der Literatur seit langem thematisiert: Er ist ein allgemeinmenschliches Thema, das schon immer interessierte. Die tiefenpsychologische Perspektive fragt im Besonderen, in welchem Kontext der Schatten des Menschen entsteht, woraus er besteht und wie mit ihm idealerweise umzugehen wäre. Das sind grundlegende Fragen, denn es geht immerhin um das Dunkle im Menschen, das im zwischenmenschlichen Bereich sehr destruktiv wirken kann.

Bedenken wir die Metapher von Licht und Schatten, dann wird deutlich, dass es gar nicht so einfach ist, mit Schatten umzugehen, dass auf jeden Fall nicht einfach Licht werden kann, wo Schatten war, denn jede neue Lichtquelle wirft wieder einen neuen Schatten. Es wird in der Auseinandersetzung mit dem Schatten darum gehen, grundsätzlich eine Schattenakzeptanz zu entwickeln, zu verstehen, dass im menschlichen Leben das Helle und das Dunkle zusammenspielen; es wird auch darum gehen, eine Schattensensibilität zu entwickeln, so dass wir lernen, mit den schattenhaften Aspekten in uns verantwortlich umzugehen. Dabei geht es nicht um einen Verlust der Wertehaltung, sondern um eine Umwertung der Werte.

Der Schatten

Das Konzept des Schattens ist nach C. G. Jung von großer Bedeutung für das Zusammenleben der Menschen, auch für Überlegungen zu Ethik und Moral, für das bessere Verständnis von Ärger und Konflikten, und dann auch für das Verzeihen und Sich-Versöhnen.[103] Besonders das Sich-Versöhnen ist der Integration verpflichtet, hebt Spaltungen auf. Das ist aber nur möglich, wenn wir Einsicht in unseren Schatten haben und für ihn auch die Verantwortung übernehmen.

Das Konzept des Schattens geht davon aus, dass wir Menschen uns gern etwas schöner präsentieren, als wir sind, dass wir in unserer Selbstdarstellung unserem Ideal von uns selbst, aber auch dem Ideal unserer Mitmenschen genügen wollen. Das bedeutet nun aber, dass wir immer auch Seiten haben, die wir nicht zeigen, die wir selbst nicht wahrhaben wollen. All diejenigen Seiten, die wir an uns nicht akzeptieren können, weil sie unserem Ideal von uns nicht entsprechen, werden Schattenanteile genannt.[104] Der Schatten ist inhaltlich nicht bestimmt, man kann zum Beispiel nicht sagen, neidisch zu sein sei immer ein Schattenaspekt, obwohl es vielen von uns so vorkommen mag, weil zu gönnen für uns ein Wert ist, den wir in unserem Leben verwirklichen wollen. Es kann aber auch sein, dass Neid für jemanden ein Wert ist, den er oder sie für akzeptabel hält. Der Schatten erschließt sich inhaltlich erst im Gegenüber zu Idealen und Werten, die wir in unserem Leben realisieren wollen.

Werden wir bei einem Verhalten ertappt, das wir als schattenhaft einordnen, so ist uns das ausgesprochen peinlich. Wir schämen uns. Ein älterer Mann, der sich gerne sehr bescheiden gibt und auch sehr gerne bescheiden sein möchte, ist immer wieder zerknirscht, wenn er sich dabei ertappt, dass er ganz und gar unbescheiden von seinen Mitmenschen etwas fordert – ein schattenhaftes Verhalten, findet er, das nicht wirklich zu kontrollieren ist. Bevor er darüber nachdenken kann, hat er bereits schattenhaft gehandelt.

Der eigene Schatten ist uns ausgesprochen lästig. Der Schatten der anderen Menschen, oder das, was wir für ihren Schatten halten, kann hingegen sehr spannend sein. Wir interessieren uns für schattenhaftes Verhalten von unseren Mitmenschen, es hat geradezu etwas Vitalisierendes, besonders, wenn es um den Schatten von Menschen geht, von denen man erwartet, dass sie keinen Schatten haben, wie etwa kirchliche Autoritäten, Politiker und Politikerinnen usw. Was wäre die Regenbogenpresse ohne unser Interesse am Schatten der Schönen und Reichen?

Auch in unseren eigenen Schattenseiten verbergen sich oft vitale Seiten, die – etwas domestiziert – vielleicht unser Leben sehr viel lebendiger machen könnten. Im Schatten steckt oft das, was wir nicht leben durften, weil wir doch ein gutes Mädchen oder ein guter Junge sein wollten. Auf jeden Fall gehört der Schatten zu uns, ist auch ein Aspekt unserer Persönlichkeit, ein etwas schwieriger zunächst.

Um diese Seiten können wir wissen; dann sind sie uns unangenehm, lästig, peinlich und wir versuchen, sie zu kontrollieren oder auch zu verdrängen. In der Regel wehren wir den Schatten ab, projizieren ihn auf die Mitmenschen. Diese sind dann lieblos oder verschwenderisch oder neidisch – wir doch nicht! Wir projizieren unsere Schattenseiten auch auf den Partner. Da ist es dann plötzlich nicht mehr klar, wer in einem Beziehungssystem eigentlich kleinlich, wer destruktiv ist. Und gelegentlich hadern wir sehr mit unserem Partner oder unserer Partnerin und reklamieren Veränderung, wo wir uns selber verändern müssten. Das sehen wir in solchen Situationen aber absolut nicht ein.

Nehmen wir wahr, dass wir in unseren Augen schattenhaft reagieren, ist es uns peinlich, wir bereuen unser Verhalten, schämen uns. Schattenseiten können uns aber auch weniger bewusst sein – und dann begegnen wir ihnen im Traum. Wir träumen dann von Personen, die wir als ausgesprochen »verschattet« wahrnehmen, Menschen, die wir kritisieren, die uns unangenehm sind.

Aber nicht nur Seiten, die wir an uns selbst ablehnen und von denen wir dann denken, wir hätten sie gar nicht, äußern sich als Schatten. Auch Aspekte unserer Persönlichkeit, die uns fremd sind, können wir zunächst als schattenhaft erleben. Wir sind uns immer auch fremd, immer wieder werden neue Aspekte unserer Psyche belebt, die wir zunächst als nicht zu unserer Persönlichkeit gehörig empfinden; Entwicklungsanreize sind uns meistens zunächst fremd. Das Fremde in unserer Psyche ist uns unheimlich, es löst Angst aus und es fasziniert. Gerade in einer Beziehung sind fremde Aspekte des Partners oder der Partnerin etwas Belebendes, etwas, das die Faszination immer auch wieder erwachen lässt – aber manchmal eben auch die Angst, dann etwa, wenn ein Partner, eine Partnerin in seinem oder ihrem Verhalten so ganz und gar fremd geworden ist. Die Angst vor dem Fremden in unserer Psyche, das wir als schattenhaft erleben, das wir zunächst auch ablehnen, projizieren wir leicht auf die Fremden. Diese sind dann plötzlich alles, was für uns schlecht annehmbar ist und was wir vielleicht auch fürchten.

Entsprechend der Idee von Jung, dass es nicht nur ein persönliches Unbewusstes gibt, sondern auch ein kollektives, dass wir Menschen nicht nur Einzelwesen sind, sondern als Einzelne auch in der Kultur der Menschheit verwurzelt sind, an ihr Anteil haben, sie nutzen können für unser individuelles Leben, spricht er auch von einem kollektiven Schatten. Wir alle haben auch Anteil an all dem Schattenhaften, was in der Welt geschieht. Sind Menschen destruktiv – und hier wäre nun der Schatten inhaltlich bestimmt –, dann beeinflusst uns diese Destruktivität, auch wenn wir an ihr nicht direkt Anteil haben. Schon Plato sagte, dass der Anblick von Hässlichem Hässliches in der eigenen Seele wecke.

In Konfliktsituationen geht es immer auch um Schatten. Können die Beteiligten ihre Schattenanteile sehen, ist es leichter zu verzeihen und sich zu versöhnen. Übernimmt jemand auch in einer Situation die Schuld, entschuldigt sich, versucht, den Schaden wiedergutzumachen, kann man ganz anders miteinander umgehen, als wenn jemand nie schuld ist, alle anderen aber zu Sündenböcken macht.

Können schattenhafte Seiten akzeptiert werden, werden Menschen menschlicher, liebevoller; der Schatten kann dann in die Verantwortung genommen werden, so gut es geht. Auch das ist ein wichtiger Aspekt des »Ganzwerdens«, wie Individuation auch genannt wird: Der Mensch besteht nicht nur aus hellen Aspekten, sondern auch aus dunklen. Das bedeutet aber nicht, dass man den dunklen Aspekten freie Bahn lässt.

Nur: Es braucht ein recht ausgeglichenes Selbstwertgefühl, um den Schatten akzeptieren zu können und ihn in die Verantwortung zu nehmen. Jung hielt die Auseinandersetzung mit dem Schatten für eine Aufgabe zu Beginn des Individuationsprozesses. Das kann so sein, muss es aber nicht. Bei vielen Patienten und Patientinnen ist zu Beginn einer Therapie das Selbstwertgefühl leicht aus der Balance zu bringen, sie können schattenhaftes Verhalten deshalb noch nicht oder nur ansatzweise als ihr eigenes sehen. Aber auch darüber hinaus ist diese Zuordnung von Jung problematisch: Die Auseinandersetzung mit dem Schatten ist eine lebenslange, schwierige Aufgabe, die auch nie zu einem Ende kommt – jedes neue Ideal von uns schafft auch neu wieder Schatten.

Wenn wir wissen, dass wir auch dunklere Seiten haben, dann betrachten wir uns realistischer, wir betrachten aber auch andere Menschen realitätsgerechter. Wir sind dann nicht mehr zutiefst gekränkt, wenn uns jemand – in unseren Augen – schattenhaft behandelt hat, wenn uns jemand zum Beispiel übervorteilt hat, uns angelogen hat. Wir wissen, es könnten Lebensumstände eintreten, da würden wir dasselbe auch tun. Dadurch werden wir toleranter im Umgang mit problematischem Verhalten. Das heißt nicht, dass dieses Verhalten akzeptiert werden muss, es muss durchaus geklärt werden, aber wir benehmen uns nicht so, als wäre der Andere durch und durch böse, wir aber durch und durch gut.

Um spezifischer zu werden: Wenn es uns gelingt, in konkreten Konflikten zu sehen, wie unbewusst schattenhafte Aspekte auch von uns selbst in der Konfliktdynamik mitgewirkt haben, können diese angesprochen werden. Es ist dann nicht mehr einfach nur der eine Mensch der Schuldige und die anderen sind unschuldig, sondern es ist ein Zusammenwirken von mehreren problematischen Verhaltensweisen, das etwa eine Eskalation bewirkt hat. Jeder kann nun für den eigenen Anteil die Verantwortung übernehmen, und der Weg zur Entschuldigung, zum Verzeihen, zum Sich-Versöhnen ist dann geebnet.

Die Persona

Die Metapher von Licht und Schatten weist, wie oben erwähnt, auf zwei Konzepte von C. G. Jung hin: den Schatten und die Persona. Der Ausdruck Persona geht zurück auf das Schauspiel im alten Griechenland. Da stülpte sich der Schauspieler eine Maske – eine Persona – der mythischen Gestalt über, die er spielte, und damit war er identifiziert mit dieser Gestalt. Nun sind wir, wenn wir uns unsere »Seelenmasken«[105] überstülpen, meist nicht identifiziert mit einer mythischen Gestalt, sondern mit einer Vorstellung von uns selbst, wie wir uns in einer Situation am besten präsentieren. Dieses Bild von uns, das wir der Welt zeigen, kann gut mit unserer Identität übereinstimmen, wir können aber auch das Gefühl haben, unecht zu sein, eine Rolle zu spielen, die uns wenig liegt, uns verkleidet zu haben.

Die Persona entspricht zum einen unserem Ichideal, zum anderen unserer Vorstellung davon, wie die Menschen uns sehen wollen. Damit wir möglichst ansehnlich sind, verdrängen wir die Seiten, die nicht zu unserem »schönen« Bild von uns gehören, und daraus wird dann der Schatten, verstanden als die Seiten, die wir an uns nicht akzeptieren können, zu denen wir nicht stehen können. Sie gehören aber dennoch zu unserer Persönlichkeit und zeigen sich, wie alles Verdrängte, auch immer wieder gegen unseren Willen.

Im Zusammenhang mit der jeweiligen Personahaltung oder dem Personaausdruck steht zum Beispiel die Frage, was »man« denn zu einem bestimmen Anlass anzieht, wie »man« sich herrichtet. Eine weitere Frage ist die nach der Kontrolle: Wie sehr kontrolliert »man« in einer bestimmten Umgebung zum Beispiel die Emotionen, wie viel gibt »man« preis von seinen Gefühlen? Welche Seiten von sich selbst zeigt »man«?

Kleider, die Frisur, das Make-up, Hüllen, Fassaden, Masken, aber auch Autos usw. sind symbolische Darstellungen der Persona. Wie wir uns verhüllen, enthüllt auch etwas von uns, präsentiert etwas von uns. Und sehr oft zeigen wir nicht nur das, was wir zu zeigen beabsichtigen, sondern durchaus auch das, was wir eigentlich verhüllen wollen, nämlich den Schatten.

Die Persona ist also das, was wir der Welt in den jeweiligen Beziehungssituationen von uns zeigen, was wir darstellen, wie wir unsere Persönlichkeit in den jeweiligen sozialen Situationen zum Ausdruck bringen. Wir können den Begriff »Persona« eher statisch betrachten, wie man das früher getan hat, und ihn als Identifikation mit einer sozialen Rolle verstehen, wir können ihn aber auch, wie das heute der Fall ist, sehr viel dynamischer bestimmen.

Jung spricht auch gelegentlich dann von der Persona, wenn ein Mensch so ganz und gar identifiziert ist mit der Rolle, die er in der Welt spielt: »Ein häufiger Fall ist die Identität mit der *Persona,* jenem Anpassungssystem oder jener Manier, in der wir mit der Welt verkehren. So hat fast jeder Beruf die für ihn charakteristische Persona. […] Die Welt erzwingt ein gewisses Benehmen, und die professionellen Leute strengen sich an, diesen Erwartungen zu entsprechen. Die Gefahr ist nur, dass man mit der Persona identisch wird, wie etwa der Professor mit seinem Lehrbuch […].«[106] Hier beschreibt Jung eine »erstarrte« Persona: Ein Mensch spielt eine Rolle, kann auch nichts anderes mehr spielen als diese Rolle, ist darin erstarrt, und die lebendige Persönlichkeit ist nicht mehr spürbar.

Heute sind sowohl die Persona an sich als auch das Konzept der Persona viel flexibler geworden. So sind auch Lebensübergänge nicht mehr mit Forderungen nach einer bestimmten Persona verbunden: Unsere Großmütter kleideten sich nach der Menopause in Schwarz, heutzutage kennt die Mode keine Altersgrenze mehr. Es ist immer mehr auch ein spielerischer Umgang mit der Persona auszumachen, bis hin zur Frage: Wie inszeniere ich mich in einem bestimmten sozialen Zusammenhang? Möglicherweise ist das eine Folge der Mediengesellschaft: Zum einen bieten uns die Medien sehr viele Modelle, wie wir uns darstellen können, zum anderen nötigen sie uns auch, uns zu inszenieren.

Solche Inszenierungen werden auch von Künstlerinnen und Künstlern gemacht, etwa von Cindy Sherman, die damit die Absicht der künstlerischen »Demaskierung der gesellschaftlichen Maskenbildnerei von Identitätszwangsjacken für die sogenannte ›Frau‹«[107] verbindet. Gesellschaftliche Maskenbildnerei als Rollenzwang und damit auch Personazwang wird durch diese Künstlerinnen in Frage gestellt, und gleichzeitig wird demonstriert, dass man sich diesem Zwang nicht unterwerfen muss.

Wenn der Rollenzwang sich lockert, die Personahaltungen flexibler und auch spielerischer gehandhabt werden, dann ist damit zu rechnen, dass Menschen eher zu gewissen Schattenseiten stehen können, sich nicht mehr »nur schön« sehen müssen. Es ist aber auch damit zu rechnen, dass die fixierten Rollenvorstellungen zu Schatten werden, zu etwas, das wir ablehnen und dann bei anderen Menschen als unemanzipiert geißeln. Ins Bewusstsein kommen müsste eigentlich die Differenz zwischen diesem Spiel mit der Persona – und damit auch der Frage, wie wir unsere Persönlichkeit ausdrücken können – und dem alten, starren Rollenverhalten. Mit der Flexibilisierung der Persona, und das ist bestimmt die Wirkung von einem Jahrhundert tiefenpsychologischen Denkens, setzt unabweisbar die Frage nach der eigenen Identität ein.

Die Funktion der Persona

Die Persona regelt unsere Beziehung zur Außenwelt, zeigt, was wir zeigen möchten, und bestimmt, welche Aspekte unserer Persönlichkeit von den Mitmenschen gesehen und auch anerkannt werden sollen. Ob ich mich darstelle als ein Mensch mit »vielen Gesichtern« oder als jemand, der sich eigentlich immer gleicht – in genau diesen Aussagen über mich selbst will ich bestätigt werden. Insofern zeigen wir mit unserer Persona durchaus einen Aspekt unserer Identität. Identität ist ja nie allein etwas Inneres, sondern sie muss von der Umwelt immer auch bestätigt werden. Wenn nur ich selbst mich für eine Künstlerin halte und niemand in der Umwelt mir das bestätigt, dann bin ich eben doch keine Künstlerin.

Diese Bestätigung von außen reguliert auch unser Selbstwertgefühl. Wir werden in der Regel versuchen, jeweils die Personahaltung einzunehmen, die uns am meisten Akzeptanz garantiert. Möglicherweise wird uns aber bewusst, dass wir eine solche Haltung nicht einnehmen können, weil wir damit unsere wahre Persönlichkeit verraten. Wir wüssten jeweils schon, wie wir uns zeigen und verhalten müssten, aber wir können das nicht, weil wir authentisch sein wollen. Das Bedürfnis, echt zu sein, und die gesellschaftliche Notwendigkeit, eine bestimmte Rolle zu spielen, können zu einem Konflikt führen.

Andere wiederum haben es längst aufgegeben, Akzeptanz zu erstreben, sie kultivieren eine Persona, die erschrecken soll, die andere Menschen aufschrecken soll und die zumindest Beachtung verschafft. Und Menschen, die sich immer wieder in anderer Aufmachung und auch in einem anderen Stil zeigen, stellen mit ihren Inszenierungen die Frage, wer sie eigentlich sind. Personadarstellungen und Personahaltungen sind also nicht nur die Kehrseite des Schattens, sie verweisen auch auf den Kern der Persönlichkeit.

Die Persona regelt, wie oben erwähnt, die Beziehung zur Außenwelt auch in dem Sinne, dass wir uns entsprechend der Vorstellung geben, wie wir unsere Gefühle in bestimmten Situationen einbringen wollen, in welchem Maße wir unsere Emotionen kontrollieren, in welcher Art wir sie auch kommunizieren wollen. Zur Personahaltung gehören zudem die Konventionen des alltäglichen Miteinanders wie etwa Regeln der Höflichkeit. Mario Jacoby[108] betont, wie sehr die Persona die Intimität des einzelnen Menschen schützt, und malt aus, wie es wäre, wenn wir einfach jedes Gefühl ausagieren würden, wenn wir uns an keine Konventionen halten würden.

Jeder Schutz kann indessen auch zu einer Einengung werden. Im Bereich der Emotionen ist das besonders deutlich: Kontrollieren wir unsere Emotionen zu sehr, dann werden die menschlichen Beziehungen kalt, distanziert. Wer die Emotionen zu sehr kontrolliert, empfindet sich bald als unlebendig, verliert den Kontakt zu sich selbst.[109] Wer die Emotionen allerdings zu wenig kontrolliert, wird distanzlos, überfällt Menschen ständig mit der eigenen Befindlichkeit. Die Persona schützt also nicht nur die eigene Intimität, sie schützt auch die anderen Menschen vor zu viel Intimität. Die Gefahr besteht darin, dass die Kontrolle übermäßig wird, dass Konventionen – im Dienste der Angepasstheit – übertrieben werden und die Echtheit unserer Gefühle, die ja immer auch zu unkonventionellem Verhalten führt und daher mit gewissen Komplikationen verbunden ist, im zwischenmenschlichen Bereich darunter leidet. Wir spüren dann den anderen Menschen nicht mehr wirklich, fühlen uns nicht mehr auf ihn bezogen.

Die Sozialisation der Persona

In der Familie werden wir auf eine bestimmte Personahaltung und Personadarstellung hin sozialisiert. Kleine Kinder zeichnen sich gerade dadurch aus, dass sie kaum Persona zeigen. Erst mit der Entwicklung des Schamgefühls zwischen drei und sechs Jahren[110] entwickelt sich auch die Personahaltung, die weitgehend Frucht der Erziehung ist. Kontinuierlich spürt dann das Kind, dass man sich nicht in allen Umgebungen gleich gibt, dass man sich je nachdem unterschiedlich benimmt, um gut anzukommen und nicht anzuecken. In der Adoleszenz werden dann verschiedene Personahaltungen und Personadarstellungen ausprobiert, meist in großer Übereinstimmung mit der Gruppe der Gleichaltrigen.[111] Es ist aber keineswegs so, dass in der Adoleszenz die Persona frei wählbar wäre, denn in diesem wichtigen Lebensübergang ist das Selbstwertgefühl labil, und es ist deshalb besonders wichtig, gut anzukommen. Das hat zur Folge, dass sich die Heranwachsenden einem gewissen Personadruck unterziehen.

Auch der Zeitgeist, der zum Beispiel in der Mode zum Ausdruck kommt, beeinflusst die Darstellung der Persona. Das können wir leicht feststellen, wenn wir Fotos von uns selbst über die Jahre hinweg vergleichen und dabei auch immer wieder feststellen, dass wir uns einer Mode »unterzogen« haben oder uns sichtlich gegen eine bestehende Mode gewehrt haben. Das gilt auch für den Kommunikationsstil, der ebenfalls zur Persona gehört. Jede Jugend hat ihre Sprache mit spezifischen Ausdrücken, und Menschen, die einer vergleichbaren Interessengruppe angehören, etwa an Psychologie interessierte Menschen, verwenden einen zeitspezifischen Jargon.

Grundsätzlich spielen unsere körperliche und unsere psychische Konstitution im Zusammenhang mit der Persona eine wesentliche Rolle. Es ist einleuchtend, dass jemand mit einem schweren Körperbau sich anders darstellen wird als ein dünnes Leichtgewicht. Doch nicht nur die körperliche Konstitution setzt uns Grenzen bei unserer Selbstdarstellung, sondern auch die psychische. Wenn wir von einer Frau sagen, sie trage ein »gewagtes« Kleid, dann hat dieser Ausspruch mit unserer eigenen Exhibitionsscham zu tun. Dieses Kleid ist deshalb ein gewagtes Kleid, weil wir selber es nicht anzuziehen wagen würden, weil wir uns schämen würden. Es ist unsere psychische Konstitution, die eine bestimmte Exhibitionslust erlaubt, die festlegt, was wir gerade noch zu zeigen wagen oder nicht mehr wagen, und die irgendwo die Schamgrenze setzt. Die Schamgrenze verweist uns auf unsere Grenzen im Uns-zeigen-Können. Sie findet sich nicht bei allen Menschen am selben Ort, sie ist aber flexibel: Geht es uns psychisch gut, dann können wir mehr wagen, geht es uns schlecht, werden wir versuchen, nicht aufzufallen.

Die Persona entspricht des Weiteren dem persönlichen Aspekt unseres Ichideals, dem geschönten Bild, das wir uns von uns machen und das zeigt, wofür wir uns halten, wofür wir uns halten möchten. Meist ist im Ichideal ein recht perfekter Mensch vorgegeben, und somit muss das Unperfekte verdrängt werden. Die Persona entspricht aber auch dem sozialen Aspekt unseres Ichideals, das wir in der Regel als Ideal der Umwelt erfahren, obwohl es weitgehend eine Projektion unseres persönlichen Ichideals ist.

So war ein Student zutiefst davon überzeugt, dass er nur akzeptiert werde, wenn er perfekt ausgearbeitete Referate liefere, obwohl nur Thesenpapiere gefordert waren. Seine Argumentation: Thesenpapiere fordert der Professor nur deshalb, weil er den meisten nicht zumuten kann, eine Arbeit wirklich perfekt auszuarbeiten. Erst die rigorose Forderung, auch ein solches Thesenpapier zu verfassen, brachte den Studenten dazu, sich zu überlegen, ob er da wohl etwas falsch verstanden hatte. Es ist offensichtlich, dass er sein Ichideal auf den Professor und auf die Lernsituation projizierte.

Dass man sich an den eigenen Anforderungen misst, sich aber auch mit der Meinung der Anderen beschäftigt, um dadurch im Selbstkonzept bestätigt oder zur Revision angeregt zu werden, ist konstitutiv sowohl für die Persona als auch für den Schatten.

Das Ideal der Umwelt ist ebenfalls zusammengesetzt: Zum einen handelt es sich um den Zeitgeist und die Anpassung an das, was Mode ist – den sichtbar gemachten Zeitgeist. Zum anderen sind es aber auch verinnerlichte Erwartungen aus der Kindheit, die wir auf die Umgebung projizieren. Sagt zum Beispiel jemand: »Das kannst du dir in dieser Situation absolut nicht leisten«, dann kann dieser Satz sehr wohl ein »Vater- oder Muttersatz« sein, der mit unseren Vater- oder Mutterkomplexen zusammenhängt, die wir noch zu wenig bearbeitet haben.[112] In der Folge unterwerfen wir uns der Umgebung projektiv, das heißt, wir sind überzeugt, dass die Umwelt eine genaue Vorstellung hat, wie wir uns benehmen, anziehen, geben sollen. Gelegentlich geben wir uns große Mühe, diesen vermeintlichen Anforderungen zu entsprechen, ernten aber keine besondere Akzeptanz und auch keine besondere Aufmerksamkeit – wir haben nur eine alte Geschichte agiert. Elterliche Gebote führen sehr leicht zu Personahaltungen.

Die Persona ist, zusammenfassend gesagt, eine psychische, physische und soziale Haltung, die zwischen der inneren und der äußeren Welt vermittelt, vielleicht mehr »Gesicht« als »Maske«, wie Rudolf Blomeyer das formuliert.[113] In der Personahaltung muss also etwas ausgedrückt sein, das zutiefst unserem Wesen entspricht, auch wenn die Persona eine Anpassung an die Anforderungen der Gesellschaft darstellt. Und selbst wenn die Persona inszeniert wird, und dies geschieht vielleicht immer häufiger, wird dennoch von innen und von außen so etwas wie »Identität« einer Person erlebt: das Gleichbleibende durch alle Veränderungen hindurch. Deshalb werden die meisten Menschen von anderen über Zeiten und Situationen hinweg als verhältnismäßig unverändert wahrgenommen.

Die geschönte Existenz und der Schatten

Menschen machen sich gern schöner, als sie sind, wenn sie in die Außenwelt gehen. Und sie wissen das auch. Kaum jemand zeigt freiwillig seine weniger schönen Seiten. Das Ärgerliche ist nur, dass diese dennoch sichtbar werden. Jung schreibt 1945 dazu: »[In der] Konfrontation mit der Wirklichkeit ohne falsche Schleier und sonstige Verschönerungsmittel […] tritt der Mensch hervor, wie er ist, und zeigt das, was zuvor unter der Maske der konventionellen Anpassung verborgen war, nämlich den *Schatten.* Dieser wird durch die Bewusstwerdung dem Ich integriert, wodurch sich eine Annäherung an die Ganzheit vollzieht.«[114]

Bemerkungen wie diese, die bei Jung immer wieder zu finden sind, haben der Persona einen gelegentlich etwas schlechten Beigeschmack verpasst. Als ob man bewusst eine bestimmte Persona wählt, um damit den Schatten zu verbergen. Das kann natürlich in einer gewissen Situation so sein: Ein Mann, der seine Homosexualität nicht akzeptieren kann, sie als »schattenhaft« erlebt und überzeugt davon ist, dass er nicht weiterleben könnte, wenn seine Umgebung es erfahren würde, gibt sich als großer Frauenheld. Das ist die bewusste Wahl einer Personahaltung, die den Schatten verdecken soll. Sehr oft aber haben wir nicht die Intention, eine ganz bestimmte Schattenqualität mit unserer Personahaltung zu verdecken. Wir versuchen einfach, uns selbst so schön wie möglich zu finden und dies von der Umwelt auch bestätigt zu bekommen, damit wir ein gutes Selbstwertgefühl aufrechterhalten können.

Ein weiterer Aspekt in Jungs Beschreibung des Schattens ist mir wichtig: Noch 1945 ist er der Ansicht, dass der Schatten integrierbar ist und dass ein Mensch durch die Integration des Schattens seiner Ganzheit näherkommt. Es ist unbestreitbar so, dass der Schatten zum Menschen gehört und dass man durch Integration von Verdrängtem Zugang zu Aspekten der Persönlichkeit hat, die zu einem gehören. Schattenintegration setzt aber voraus, dass der Schatten auch wirklich vollständig zu integrieren ist, also in keiner Weise mehr abgelehnt werden muss. Das scheint mir etwas idealistisch gedacht zu sein – als

Hypothese natürlich bestechend, denn damit bekämen wir sehr viele Probleme des menschlichen Lebens in den Griff. Was die praktische Umsetzung betrifft, ist diese Vorstellung aber wenig dem Wesen des Menschen nachempfunden; mir scheint es schon eine große Tat zu sein, wenn wir unseren jeweils konstellierten Schatten wahrnehmen und annehmen, mit ihm rechnen und Verantwortung dafür übernehmen.

Das Konzept des Schattens ist weitbekannt und auch akzeptiert, in der Rezeption dieses Konzepts sind jedoch Schlagseiten auszumachen, die zu seinem Missbrauch führen können: Zum einen liefert es eine Erklärung für viele menschliche Unzulänglichkeiten, die als Entschuldigung für unethisches Verhalten gebraucht werden kann; das Konzept wurde geradezu ein Freibrief für schattenhaftes Verhalten. Nehmen wir an, jemand versucht, Sie zu betrügen. Sie ertappen diesen Menschen dabei, er gibt es zu und sagt dann: »Ich stehe halt zu meinem Schatten.« Dass er um seinen Gaunerschatten weiß, berechtigt ihn aber noch lange nicht dazu, ihn zu leben. In der Zwischenzeit spricht man auch in der Psychoanalyse wieder mehr vom Prinzip Verantwortung.

Die fast lustvolle Identifikation mit dem Schatten ist auch eine Folge davon, dass durch die Psychoanalyse deutlich wurde, wie viele lustvolle Aspekte des menschlichen Lebens verdrängt wurden und wie sehr dadurch das Leben verarmte und die Menschen erkrankten. Die »Rückkehr des Verdrängten« war nun durch die Psychoanalyse sanktioniert, was sich besonders auch an der sexuellen Befreiung zeigt und der Psychoanalyse den Vorwurf eintrug, amoralischem Verhalten Vorschub zu leisten.

Den Schatten zu integrieren bedeutet natürlich nicht, ihn hemmungslos auszuleben. Das ist ein Missverständnis. Daher hat sich allmählich eingebürgert, dass heutige Autorinnen und Autoren nicht mehr so sehr von »Integration des Schattens«, sondern eher von »Akzeptanz des Schattens« sprechen. Damit werden sie auch dem ursprünglichen, dynamischen Konzept des Schattens gerechter, das besagt, dass neues Licht immer auch neuen Schatten bewirkt.

Schattenakzeptanz bedeutet, dass wir in einer bestimmten Situation die Schattenqualität unseres eigenen Verhaltens erkennen und – vielleicht vermittelt durch einen Traum – gegebenenfalls unser Verhalten korrigieren, dass wir uns aber in jedem Fall fragen, was es bedeuten würde, wenn wir diesen Schattenaspekt voll ausleben oder in eine Beziehung einbringen, welche Konsequenzen das Ausleben eines bestimmten Schattenaspekts hat. Wir müssen eine Schattensensibilität entwickeln, sowohl in Bezug auf unseren Schatten als auch auf den Schatten der Anderen. Schattenakzeptanz und Schattensensibilität bringen eine Zunahme von Selbsterkenntnis, Toleranz uns selber und den Anderen gegenüber sowie eine Abnahme von Heuchelei mit sich.

Die »Man-Persona«, der »Man-Schatten«

Es gibt Schattenanteile, die zu einer gewissen Zeit in einer bestimmten Kultur nicht als solche erkannt werden, weil sie von vielen Mitgliedern sanktioniert werden. Dieser kollektive, aber bewusstseinsnahe Schatten stellt sich erst rückblickend als Schatten heraus, wenn er nicht mehr als selbstverständlich betrachtet wird.

Die »Man-Persona« bewirkt einen »Man-Schatten«. Martin Heidegger spricht in einem sehr interessanten Absatz in *Sein und Zeit* über »Das alltägliche Selbstsein und das Man«[115]. Er führt dabei aus, dass eigentlich die Anderen darüber bestimmen, wie wir zu leben haben, und zwar kein bestimmter Anderer, sondern jeder Andere. Geht man der Frage, wer diese Anderen denn eigentlich sind, genauer nach, so ist es nach Heidegger das »Man«. Dieses »Man« entfaltet eine Diktatur, unauffällig, nicht feststellbar: Wir genießen, wie *man* genießt, wir denken, wie *man* denkt, wir kleiden uns, wie *man* sich eben jetzt gerade kleidet. Das »Man« regelt den Alltag, bewirkt, dass wir über vieles gar nicht nachdenken müssen, uns nicht entscheiden müssen – es ist eine wesentliche Erleichterung für unser Leben.

Dieses »Man« erscheint unter anderem als »die Öffentlichkeit«. Spürbar wird die Diktatur des »Man« erst, wenn man sich ihm nicht unterzieht, wenn man aus irgendeinem Grunde nicht dazugehört oder nicht dazugehören will. Man kann natürlich auch von Regeln oder Normen sprechen, denen wir uns unterwerfen, aber der Ausdruck des »Man« oder des »Man-selbst« lässt neue Gedanken aufkommen und verweist auch darauf, dass es nicht etwas ist, das uns nur von außen aufgezwungen wird, sondern dass es uns in unserem inneren Wesen erreicht und von dort auch beantwortet wird. Unter der Diktatur des »Man« ergibt sich ein Miteinandersein in einer gewissen Durchschnittlichkeit, und diese Durchschnittlichkeit wacht über die Ausnahmen. Das führt dazu, dass alles Ursprüngliche geglättet wird, alles Erkämpfte handlich, alles Unbekannte zum längst Bekannten wird. Und dadurch werden die Seinsmöglichkeiten des Einzelnen eingeebnet. Wir wissen heute durch Computersimulationen, dass Menschen dasjenige Gesicht als schön erachten, das durch Übereinanderlegen von sehr vielen Gesichtern entsteht, das also am durchschnittlichsten ist.

Dieses »Man-selbst« regelt auch unser Verständnis von Welt und von Dasein. Es ist nicht notwendig, sich auf bestimmte Dinge einzulassen, das »Man« hat es ja bereits getan; wir können uns auf die Anderen berufen, und niemand verantwortet das Ganze. Dieses »Man-selbst«, wie Heidegger es nennt – ich werde auch von »Man-Persona« sprechen –, ist außerordentlich gefährlich, denn es ist ein Produkt aus Gewohnheit, Vorurteilen und Engstirnigkeit. Auch Rassismus und Sexismus waren einmal Aspekte des »Man« – und sind es vielleicht noch. Das »Man-selbst« entlastet zwar im Alltag, hindert uns aber auch daran, wirklich wir selbst zu sein. Es steht unserem eigentlichen Selbst entgegen, dem Selbst, das wir als Kern unserer Persönlichkeit empfinden, für das wir uns auch verantwortlich fühlen. Damit schließt die »Man-Persona« gewisse Seinsmöglichkeiten aus, diese werden verdrängt und zu Schattenanteilen. Wenn Leben unter dem Aspekt der »Man-Persona« eingeebnet wird, dann fehlt das Kantige, Sperrige.

Es ist sehr schwierig, über das heute herrschende »Manselbst« zu sprechen, weil wir alle in dem »Man« einer bestimmten Zeit gefangen sind. Erst wenn eine Revolution stattgefunden hat, können wir im Nachhinein die »Man-Persona« der Zeit, die jetzt vorbei ist, bestimmen und auch den Schatten, den sie hervorgebracht hat. War unsere »Man-Persona« sehr auf Anpassung aus, dann wird ein rebellischer Schatten irgendwann zum Ausbruch kommen; ist die »Man-Persona« sehr intellektuell geprägt, wird ein gefühlvoller, vielleicht sogar schwärmerischer Schatten sich Bahn brechen.

Außerhalb dieser »Man-Persona« ist Einsamkeit und Eigenverantwortung, ist das eigene Selbst; je gefangener wir in der »Man-Persona« sind, desto mehr ist unser Selbst als verschattet zu bezeichnen. Verhalten aus dem eigenen Selbst heraus wird von der »Man-Persona« als egoistisches Kreisen um sich selbst bezeichnet – oder was der ablehnenden Formulierungen mehr sind.

Im Zusammenhang mit dem »Man-selbst« entwickelt sich der »Man-Schatten«: Er ist zunächst unbewusst, weil wir alle an ihm teilhaben, soweit wir diesem »Man« verpflichtet sind. Je mehr wir der »Man-Persona« erliegen, desto mehr gerät unser eigentliches Selbstsein in den Hintergrund; wir werden rebellieren müssen, wenn wir es leben wollen. Und das wird von der »Man-Persona« aus als Schattenverhalten gesehen.

Wer gegen die »Man-Persona« rebelliert, steht nicht mehr unter dem Diktat der Anderen, sondern berücksichtigt auch das Andere, die Anforderungen der Innenwelt. Diese notwendige Rebellion wird in der Regel von den adoleszenten Jugendlichen geleistet, und mit ihrer Rebellion verändern sie auch die »Man-Persona« bis zu einem bestimmten Grad. Für die Rebellen und Rebellinnen sind dann umgekehrt die Angepassten, die der »Man-Persona« erliegen, die Schattenträger.

Der kollektive Schatten

Wir leben nicht als isolierte Individuen. Was Menschen tun, an Gutem und an Schlechtem, beeinflusst uns, so auch alles, was destruktiv wirkt: Krieg, Vernichtung von Andersdenkenden, Unterdrückung usw. Jung schrieb dazu 1946 in seinem Aufsatz »Nach der Katastrophe«: Weil die Menschen allen anderen Menschen durch ihr Menschsein verbunden seien, »kann ein Verbrechen nie, wie es zwar unserem Bewusstsein erscheint, allein für sich, das heißt als isoliertes und isolierbares psychisches Faktum geschehen, sondern es geschieht im weiteren Umkreis«[116]. Das ist ein uraltes, heute sehr beachtetes Denken. So sagte schon Plato, dass der Anblick von etwas Hässlichem Hässliches in unserer Brust wecke. Wir haben als Menschen Anteil an allem Schattenhaften, weil der Schatten ein kollektives Phänomen ist. Und da der Schatten und die Auseinandersetzung mit ihm grundsätzlich zum Menschen gehört – eben archetypisch ist –, wird der Schatten ein Problem bleiben, solange es Menschen gibt.

In diesem Zusammenhang hat Jung auch über die Kollektivschuld gesprochen, als tragisches Verhängnis, das alle treffe, Gerechte und Ungerechte.[117] Diese Kollektivschuld müsse von der Individualschuld unterschieden werden, wobei sich natürlich die Frage stelle: »Wie lebe ich mit diesem Schatten?«, und: »Welche Einstellung braucht es, um trotz dem Bösen leben zu können?«[118] Ich möchte hinzufügen: um mit diesem Bösen zu leben.

Das sind Fragen, die nach dem Zweiten Weltkrieg sehr eindringlich gestellt wurden, zum einen von Jung, zum anderen von einem seiner Schüler, Erich Neumann. Obwohl Jung betont, dass darauf jeder Mensch eine eigene Antwort finden müsse, gibt es in seinem Werk einige Ideen darüber. Für ihn ist die Psyche ein sich selbst regulierendes System. Das ist ein Gedanke, der uns heute sehr geläufig ist, der im Jahr 1916, als Jung ihn entwickelte, aber revolutionär war.[119] Basierend auf dieser Hypothese führt er aus, dass in Situationen, in denen das kollektive Böse dominiere, wie zum Beispiel im Krieg, in der Psyche Symbole einer kollektiven Ordnung als Kompensation auftreten würden.

In seinem Aufsatz »Der Kampf mit dem Schatten« von 1946 schreibt er, dass durch die Einwirkung des kollektiven Schattens in der Zeit des Zweiten Weltkrieges Auflösung, Zerstörung und Chaos in den Psychen der einzelnen Menschen feststellbar waren, dass aber auch eine neue Kompensation auftrat, die sich in »Symbolen kollektiver Ordnung«, den Mandalas, zeigte.[120] Jung beschwört also 1946 den Archetypus der Ordnung gegen das Chaos und die Destruktivität.

Wir wissen heute, dass die Selbstregulierung der menschlichen Psyche an gewisse Bedingungen gebunden ist, zum Beispiel an die Kohärenz des Ichkomplexes,[121] und dass zum Beispiel bei schweren Depressionen die Selbstregulierung gerade nicht funktioniert, dass sie aber durch die therapeutische Beziehung wiederhergestellt werden kann.

Es gibt eine interessante Bemerkung von Jung, die diesen Kompensationsgedanken in einen wichtigen Zusammenhang stellt: »[…] wenn aber das Individuum imstande war, sich an einem letzten Restchen Vernunft festzuklammern oder die Bande einer menschlichen Beziehung zu bewahren, entstand im Unbewussten gerade durch die Verwirrung des bewussten Verstandes eine neue Kompensation, und diese vermochte vom Bewusstsein integriert zu werden.«[122] Diese Kompensation ereignete sich also nicht immer, sondern bei Menschen, die noch ein »Restchen Vernunft« bewahren konnten – was immer das bedeuten mag –, wichtiger aber noch: bei Menschen, die auf andere Menschen bezogen blieben. Wo menschliche Beziehung ist, da kann die Kompensation sich ereignen. Diese Bemerkung, in Zusammenhang gebracht mit dem Umgang mit Schatten, geht über die Frage der Kompensation hinaus: Wo wirkliche Beziehung auszumachen ist, da kann man mit dem Schatten umgehen. Beziehung scheint also so etwas wie das Gegenmittel zur Resignation angesichts des Schattens zu sein – natürlich ist Beziehung auch der Ort, wo sich Schatten zeigt. Aber gerade durch den Entschluss zur Beziehung, und wohl auch zur Liebe, vermögen wir es, verantwortlicher mit dem Schatten umzugehen.

Eine der wichtigsten Ursachen für all das Böse auf der Welt ist nach Jung die Unbewusstheit des Menschen. Dagegen helfe das Bewusstwerden, und zwar nicht nur das Bewusstwerden des individuellen Schattens, sondern auch die Arbeit am Gottesbild, damit es nicht mehr in Hell und Dunkel aufgespalten werden müsse. Das ist letztlich auch eine Arbeit am Menschenbild. »Schattenbewusst« zu leben würde also zur Folge haben, dass Menschen anders – weniger destruktiv – miteinander umgehen.

Der Schatten als das Fremde

Fremd ist uns nicht einfach, was wir noch nicht kennen, fremd ist uns etwas, das uns unbekannt und oft auch unheimlich ist, uns aber in einer unabweisbaren Art angeht. Dies betrifft auch den Schatten: Er kann uns unheimlich und sehr fremd sein, er kann uns aber auch faszinieren.

Die Vorstellung vom Schatten als dem uns Fremden könnte man im Sinne des »positiven Schattens« von Jung[123] verstehen oder besser im Sinne seiner Aussagen, dass es Inhalte des Unbewussten gibt, die noch nicht stark genug sind, um das Bewusstsein zu erreichen.[124] Den Ausdruck »positiver Schatten« finde ich jedoch wenig hilfreich. Er passt nicht zum Konzept des Schattens, das Jung verwendet. Der Schatten ist ja definiert als etwas, das wir, vom Ichideal aus gesehen, nicht akzeptieren können.

Akzeptieren wir ihn, dann wirkt der Schatten sich allerdings meist positiv aus, er bereichert und vitalisiert uns – und er bringt mehr Echtheit. Betrachten wir Jungs Aussage über den positiven Schatten genauer, dann meint er damit wirklich den Schatten, der uns noch fremd ist.

Jung hat eine Theorie des Unbewussten entwickelt, in der das Unbewusste nicht einfach ein Sammelbecken für Verdrängtes und Vergessenes ist, sondern eine psychische Ebene, von der immer wieder neue Impulse kommen – Ausdruck einer psychischen Entwicklung bis zum Tod. Und deshalb ist uns immer auch etwas in unserer Psyche fremd und will befreundet werden. Dass immer wieder Unbekanntes ins Bewusstsein drängt, heißt aber auch: Wir sind uns immer wieder für eine Überraschung gut. Daran müssen wir gelegentlich denken, wenn wir Versprechungen weit in die Zukunft hinein abgeben. Es gibt aber auch unendlich viel Fremdes in uns, das uns wohl für immer fremd bleiben wird.

Dass wir uns in der eigenen Psyche fremd sind, ist nicht nur ein Jung'scher Gedanke. Eine der führenden französischen Psychoanalytikerinnen, Julia Kristeva, hat ein Buch geschrieben mit dem Titel *Fremde sind wir uns selbst*[125]. Bei ihr spielt zwar der Gedanke mit, dass wir immer etwas verdrängen, es uns entfremden, zum Fremden machen, aber es geht ihr auch darum, dass es immer Fremdes in unserer Psyche gibt, das nicht Verdrängungen entstammt.

Was erst gerade an die Schwelle des Bewusstseins gelangt und daher als fremd erscheint, das ist eigentlich unsere Zukunft – und die erscheint uns oft verschattet. Offenbar lieben wir doch sehr das Gewohnte. Wir haben die Neigung, alles, was neu ist, zunächst einmal zu verteufeln – vor einigen Jahren noch etwa das Internet mit seinen virtuellen Möglichkeiten. Inzwischen haben wir uns längst daran gewöhnt. Dass wir das Neue verteufeln, es verschatten, bedeutet nichts anderes, als dass es uns ängstigt. Was uns fremd ist, befremdet uns; es zieht uns einerseits an, beunruhigt uns aber auch, fordert Auseinandersetzung, Annäherung bis hin zur Befreundung. Indem wir den Schatten mit dem Fremden in uns verbinden, erreichen wir eine andere Ebene des Schattens.

Das Fremde als das Faszinierende

Das Fremde verführt oder zwingt uns dazu, unsere gewohnten Grenzen zu überschreiten; das Fremde verändert unsere Identität. Das, was uns aus dem Unbewussten entgegenkommt als Ahnungen, als Hinweis in den Träumen, dass etwas uns noch Fremdes bewusst werden will, wird uns verändern – meist nicht sprunghaft, sondern nach und nach. Je sicherer wir uns in unserer Identität fühlen, je mehr innere Freiheit wir haben, desto weniger werden wir dieses Fremde verschatten müssen, desto eher werden wir davon fasziniert sein. Wenn wir uns aber verunsichert fühlen in unserer Identität und ein labiles, leicht zu erschütterndes Selbstwertgefühl haben, wird uns das Fremde ängstigen, und wir werden es aus der Angst heraus als etwas Bedrohliches erleben und uns entsprechend verhalten. Die beiden Emotionen, die im Zusammenhang mit dem Fremden auftreten, sind also Faszination und Angst.

Faszination ist ein Gefühl, das uns in unbekannte Räume zieht, das uns mit einem Bann belegt, der uns unerbittlich dazu drängt, dieser Attraktion nachzugehen. Dabei ist Hingabefähigkeit gefordert: Diese unbekannten Räume müssen mit viel Geduld ausgekundschaftet, ergründet werden, bis sie ein Geheimnis unseres Lebens freigeben. Das kann unter Umständen das ganze Leben dauern.

Faszination hat nicht unbedingt einen guten Ruf, denn von ihr weiß man, dass sie einen wegträgt, eben mit einem Bann belegt – das lateinische Wort »fascinare« wird mit »verzaubern« und »verhexen« übersetzt. In der Faszination kommt uns das Unbekannte, das Fremde mit einer großen energetischen Anziehung entgegen, umgekehrt fasziniert nichts, was nicht wenigstens noch ein bisschen fremd ist. Dieses Fremde, das kann ein Land sein, das kann ein Mensch sein, das kann eine Idee sein, das kann eine Phantasie sein. Solange wir davon fasziniert sind, so lange ist das Geheimnis, das das Fremde enthält, noch nicht ganz preisgegeben.

Da wir oft etwas uns Unbekannt-Anziehendes aus uns selbst

auf dieses Fremde projizieren, begegnen wir in ihm unserer eigenen Psyche: In der Faszination kommt uns aus der Mitwelt unsere Innenwelt entgegen, und wir wissen oft nicht: Ist es jetzt das Äußere, was mich fasziniert, oder das, was ich hineinlege?

Als Symbol des Fasziniertseins kennen wir das Motiv der Leine, auch den goldenen Faden oder die goldenen Fesseln, durch die Menschen sowohl gebunden sind als auch gezogen werden. Das Handwörterbuch des deutschen Aberglaubens sagt, der Faszinierte sei wie mit einer unsichtbaren Schlinge gebunden, an der auch noch gezogen werde. Wer oder was zieht uns denn da? Es ist das Fremde in der eigenen Seele, das uns zieht, das Fremde, das befreundet werden muss, diese fremden Seiten in uns, die ins Bewusstsein kommen müssten.

Bei diesem Fremden kann es sich um Verdrängtes handeln, dem wir uns entfremdet haben, es kann aber auch um zukünftige Entwicklungsmöglichkeiten gehen. In der Jung'schen Psychologie wird in diesem Zusammenhang einerseits vom Schatten gesprochen, andererseits von Anima und Animus. Anima und Animus sind Archetypen des geheimnisvollen Fremden oder der geheimnisvollen Fremden, die die Beziehungen im weitesten Sinne regulieren: Beziehung zur Innenwelt, Beziehung zur Außenwelt, Beziehung zum Du, unsere Liebesbeziehungen, aber auch unsere Beziehung zu unserer eigenen Mitte.

Der Zusammenhang ist der: Das Fremde erscheint uns zuerst als Schatten, aber hinter dem Schatten sind ganz andere archetypische Kräfte am Werk. Wenn wir nun den Schatten im Sinne des Fremden abwehren, wenn wir vor ihm Angst haben, dann werden wir zu den faszinierenden inneren Seelenbereichen, die viel Entwicklungsmöglichkeiten, auch aus den Elternkomplexen heraus,[126] zulassen, keinen Zugang finden.

Wir können uns natürlich den faszinierenden Inhalten nicht einfach kritiklos überlassen, denn diese ziehen uns auch von der Realität weg. Wir können bei uns selbst nachprüfen, welchen Sog eine vergangene Faszination hatte und wie dies bei einer aktuellen Faszination ist. Um diesem Sog etwas entgegenzusetzen, müssen wir wissen, von was wir fasziniert sind, und herausfinden, was diese Faszination für unser alltägliches Leben bedeutet. Das heißt konkret, sich einerseits der Faszination hingeben und andererseits sie auch immer wieder ins alltägliche Leben integrieren. Es ist ebenso gefährlich, der Faszination nicht zu folgen, wie ihr unkritisch nachzugeben.

Wehren wir die Faszination ab, kommt das einem Entwicklungsstillstand gleich. Da wird das Leben wie eingefroren, da entsteht ein Zustand der Unlebendigkeit, der Depression, der Resignation und sehr oft einfach der Langeweile. Es ist aber auch klar, dass kein Mensch sich unbegrenzt auf Fremdes einlassen kann. Wir brauchen einen sicheren Boden, von dem aus wir das Fremde in dem uns zuträglichen Maß immer wieder zulassen können.

Die Faszination holt uns also hinaus in das Fremde unserer Persönlichkeit. Sie hat Wandlung der Identität zum Ziel und kann daher leicht zu einem Identitätsproblem führen. Dann ängstigt uns die Faszination, und wir wehren sie ab. Oder anders gesagt: Die Faszination hilft uns, die Angst vor dem Fremden, die immer in einem gewissen Maß vorhanden ist, zu überwinden, indem wir diese zunächst »überspringen«. Mit der Angst ist aber doch irgendwann wieder zu rechnen, spätestens dann, wenn die Konsequenzen der Faszination sichtbar und spürbar werden. Stellen wir uns zum Beispiel eine große, aber problematische erotische Faszination vor: Da ist jemand fasziniert von einem Menschen, den er oder sie überhaupt nicht akzeptieren kann, weil an dieser Person alles Mögliche falsch ist. Aber trotzdem besteht eine ungeheure Faszination, und sie zwingt ihn, einige Ansichten über sich selbst und über das Leben zu revidieren. Schattenakzeptanz ist gefragt.

Wir dürfen uns Faszinationen nicht einfach als »schön« vorstellen, es gibt durchaus verschattete Faszinationen. Dann erlaubt uns die Kraft der Faszination nicht mehr, dass wir uns von ihr distanzieren. Und da geraten wir dann in Gefahr, unseren guten Ruf zu verlieren, Geld zu verlieren, einen geliebten

Menschen zu verlieren. Wir verlieren auch das alte Selbstbild, aber wir werden lebendiger dabei.

Das Fremde als das Unheimliche

Wenn das Selbstwertgefühl zu gering ist, werden die Angst und die Identitätsunsicherheit zu groß, und die Folge ist, dass wir das, was uns eben noch faszinierte, verteufeln, es zur Hexe machen, zum Schatten erklären. Das Fremde wird durch die Angst zum Bösen; Hexe und Teufel waren die Projektionsträger des Bösen im Mittelalter – und sind es manchmal immer noch. Die Faszination ist numinos. Wenn etwas Numinoses bedrohlich wird, dann brauchen wir zur Erklärung die alten Kategorien von Hell versus Dunkel, von Gut und Böse, und infolgedessen wird dann das, was fasziniert, als böse bezeichnet.

Das Fremde hebt sich ab vom Bekannten, vom Bewussten, von dem, was uns schon zur Heimat geworden ist. Freud ortet in einem Aufsatz[127] das Unheimliche dort, wo man kein Heim und keine Heimat hat. In diesem Aufsatz setzt er das Unheimliche und das Fremde in einen Gegensatz zu »heimlich, heimisch, vertraut«. Das Neue an sich ist nicht unheimlich, meint Freud, zum Neuen, Unvertrauten muss noch etwas dazukommen, damit es unheimlich wird. Seiner Theorie gemäß ist dieses Etwas das Verdrängte. In der Jung'schen Theorie findet sich im Unbewussten nicht nur das Verdrängte, es sind auch all die Entwicklungsimpulse da, die wir im Bewusstsein noch nicht wahrnehmen können. Deshalb kann das unheimliche Fremde auch ein Anruf des Lebens an uns sein, es kann eine künftige Entwicklung anzeigen. Ob das Fremde eher als unheimlich oder als faszinierend erlebt wird, hängt meiner Ansicht nach davon ab, ob wir einen kohärenten Ichkomplex und damit eine relativ sichere Identität entwickelt haben, die auch in Frage gestellt werden kann.

Aber es gibt noch einen anderen wichtigen Aspekt, warum das Fremde uns so leicht unheimlich wird: Unheimlich ist uns das, was mit Bedrohung, insbesondere mit der grundsätzlichen

Bedrohung des Lebens, mit dem Tod zu tun hat. Im Fremden sehen wir oder erahnen wir letztlich auch den Tod als das ganz Fremde, das auf uns wartet. Die Tatsache, dass wir sterblich sind, hat Schattenqualität, wobei es hier nicht um den persönlichen Schatten geht. Es ist für die meisten Menschen eine Kränkung, dass es Krankheit, Alter, Tod gibt. Eigentlich müssten wir unsterblich sein, so meinen wir, und um dieses Ziel zu erreichen – das dann vielleicht doch gar nicht so attraktiv ist –, arbeitet die Wissenschaft hart. Das Totenreich ist in gewissen Jenseitsvorstellungen das Schattenreich; die Toten leben als Schatten weiter, körperlos. Der Geisterglaube hat mit dieser Schattenqualität des Todes zu tun.

Den Tod können wir allerdings auch symbolisch verstehen im Sinne einer ganz entscheidenden Wandlung. Wandlung ist immer ein Risiko, wir müssen Vertrautes aufgeben und Neues, Fremdes auf uns zukommen lassen. Wenn das Fremde sehr unheimlich wird, wenn kaum noch Faszination, aber viel Angst damit verbunden ist, dann fühlen wir uns durch eine anstehende Wandlung existentiell zutiefst bedroht. Wandlung ist dann wie Sterben.

Schattenprojektion und die Angst vor dem Fremden

Die Angst vor dem Fremden in unserer Psyche, das wir als schattenhaft erleben, das wir zunächst auch ablehnen, projizieren wir leicht auf die Fremden. Diese sind dann plötzlich alles, was für uns schlecht annehmbar ist und was wir möglicherweise auch fürchten. Was wir Menschen nicht wahrnehmen, ersetzen wir durch Vorstellungen – und dadurch entstehen dann auch die Vorurteile. Die Fremden sind dann die Träger unserer schlechten Eigenschaften, etwa auch der Gewaltbereitschaft, die wir an ihnen fürchten. Das heißt nicht, dass es unter den Fremden nicht Gewaltbereite gäbe, aber wohl nicht mehr als unter allen anderen Menschen.

Wenn wir wissen, dass wir auch dunklere Seiten haben, also wissen, dass wir in gewissen Situationen auch gewaltbereit sind, dann betrachten wir uns selbst realistischer, können auch mit dieser Gewaltbereitschaft umgehen, uns kontrollieren. Wir betrachten aber auch andere Menschen realitätsgerechter: Wir sind dann nicht mehr zutiefst gekränkt, wenn uns jemand – in unseren Augen – schattenhaft behandelt hat, etwa wenn uns jemand übervorteilt oder uns angelogen hat. Wir wissen, es könnten Lebensumstände eintreten, da würden wir dasselbe tun. Dadurch werden wir toleranter im Umgang mit problematischem Verhalten. Das heißt nicht, dass dieses Verhalten zu akzeptieren ist, es muss durchaus geklärt werden, aber wir benehmen uns nicht so, als wäre der Andere durch und durch böse, wir dagegen durch und durch gut.

Die Erfahrung von schattenhaftem Verhalten

Schatten löst Angst aus, aber durchaus auch eine gewisse Faszination, besonders dann, wenn andere ihn für uns leben, wenn wir den Schatten projizieren können. Der Antagonismus von Angst und Faszination wirkt im Zusammenhang mit dem intrapsychisch Fremden, aber auch mit dem interpersonell Fremden. Auch die Fremden sind immer schon da. Auch wenn sie nicht bei uns sind, gibt und gab es sie schon immer.

Und auch in der Auseinandersetzung mit fremden Menschen befürchten wir, dass unsere Eigenart verwässert werden könnte, möglicherweise fürchten wir aber noch mehr, dass wir eine Geborgenheit im gewohnten Wir-Erleben verlieren könnten. Das ängstliche Ich denkt nicht daran, dass es verschiedene gemeinsame Welten auf dieser Welt gibt, dass man verschiedene Wir-Gefühle nebeneinander haben kann, dass vielleicht gerade das Wissen darum, dass wir verschiedene Wir-Gefühle mit verschiedenen Menschengruppen aufbauen können, die gute Identität ausmacht, dass gerade das uns eine neue Form von Geborgenheit geben könnte. Wenn wir auf die fremden Menschen unseren Schatten projizieren, ihn an sie delegieren, entsteht auch die Angst, dass mit den fremden Menschen all das in unser Leben tritt, was wir nicht wollen, was wir an uns selbst nicht akzeptieren können. Eine weitere Angst im Zusammenhang mit dem fremden Menschen ist, dass wir zu sehr teilen müssten, dass wir letztlich zu kurz kämen, dass der oder die Fremde vielleicht auch vitaler für ein besseres Leben kämpfen würde als die Alteingesessenen. Der Futterneid stammt zum einen aus der unbewältigten Geschwisterrivalität und aus der Schwierigkeit, auf Vorteile, die man nun einmal hat, zu verzichten. Wenn wir grundsätzlich wenig gönnend sind, hat der – natürlich uneingestandene – Futterneid eine noch größere Bedeutung.

Die Angst vor dem Fremden und vor den Fremden zeigt uns, dass ein Augenmerk auf die persönliche Identität, aber auch auf mögliche kollektive Formen der Identität zu werfen ist. Mit Fremden in Kontakt zu treten, ist eher dann möglich, wenn Menschen die Überzeugung haben, dass sie sich immer wieder in einer gewandelten Identität mit sich selbst identisch fühlen können, wenn Menschen verstehen, dass Leben immer auch Veränderung und Entwicklung ist. Die Frage ist also, wie man mit der Angst so umgehen kann, dass aus der Angst Kompetenz im Umgang mit Bedrohlichem wird. Kompetenz ist ein wichtiger Aspekt unserer Identität.

8. Wege aus Angst und Hass

Verschwörungsnarrative

Wenn wir übertrieben misstrauisch sind, haben wir meistens Aspekte von unserem Schatten auf andere projiziert und generalisiert: Nicht etwas Spezifisches ist bedrohlich, sondern die ganze Welt ist feindselig. Gelingt diese Projektion, dann ist alles Feindliche außen. Wir werden von allen angelogen, wir werden von allen übervorteilt – solche Urteile entstehen aus generalisierten Schattenprojektionen. Alle lügen mich an, alle Freunde behaupten nur, loyal zu sein, niemand ist vertrauenswürdig. Die Schattenaspekte sind allein bei den Anderen, man selbst ist ein Opfer der Umstände, kann sich allenfalls zusammentun mit anderen Menschen, die dasselbe erleben, aber die vom Misstrauen geprägte Wahrnehmung der sozialen Beziehungen verändert sich nicht, man hat keinen Anlass, den Schatten in die Verantwortung zu nehmen und sich dadurch zu verändern. Natürlich haben auch misstrauische Menschen positive Erfahrungen, aber wenn wir sehr misstrauisch sind, ist eine positive Erfahrung nur ein Einzelereignis, auf das man sich nicht verlassen kann oder das verstanden wird als ein Trick derer, die es auf einen abgesehen haben. Nun ist niemand durch und durch misstrauisch, und niemand ist durch und durch vertrauensvoll. Das Misstrauen aber beeinträchtigt unser Lebensgefühl enorm, weil wir uns als Opfer fühlen, und das erleben wir als ungerecht. Wenn wir misstrauisch sind, stellt sich die Frage, ob das Misstrauen berechtigt ist, ob es in dieser Ausschließlichkeit berechtigt ist und ob es vielleicht mit einer Projektion von eigenen Schattenanteilen zusammenhängt.

Im Zusammenhang mit generalisiertem Misstrauen, das oft mit anderen Menschen geteilt wird, Emotionen sind ja ansteckend, entstehen die sogenannten Verschwörungsnarrative. Es sind große Erzählungen, große Erklärungen für ein subjektiv erlebtes sehr großes Problem. Diese Erzählungen beruhen nicht so sehr auf Fakten, sondern Meinungen werden als Fakten hingestellt, und deshalb sind es Narrative und keine Theorien. Theorien werden durch Fakten verändert, Narrative nicht. Denn Verschwörungsnarrative vermitteln das Gefühl, eine schwierige bedrohliche Lebenssituation wenigstens zu verstehen – und das gibt die Illusion von Kontrolle. Deshalb sollen sie auch nicht verändert, eher noch intensiviert werden. Eigentlich handelt es sich um den Heldenmythos: Die Bedrohten Menschen, die sich heldenhaft gegen übermächtige Angreifer wehren – Opfer und Helden in einem –, aber vor allem überlegen all denen, die einfach glauben, was die Wissenschaft sagt.

Jeder und jede hat das Recht auf eine eigene Meinung – darüber sind wir uns einig, darüber kann man auch sprechen, aber es muss auch klar sein, dass es eine Meinung ist und kein Fakt. Wir haben kein Recht, Tatsachen zu verdrehen, »alternative Fakten« als die Wahrheit hinzustellen. Das ist für das Vertrauen Gift, denn Vertrauen beruht ja auch darauf, dass wir auf gemeinsam geteiltes Wissen rekurrieren, über das wir uns auch austauschen.[128]

Keine geteilten Fakten, die ja immer auch neu verstanden werden müssen, wenn Situationen sich verändern, sondern Meinungen und dunkle Andeutungen auf ein dunkles, verborgenes Tun einer Elite, die allen Böses will. Da haben wir es gelegentlich mit abstrusen Schattenprojektionen zu tun: Die Impfung soll die Menschheit ausrotten ... Verschiedene Akteure spielen bei diesen dunklen Phantasien zusammen. Es ist nicht nur einer, sondern es sind viele. Diese Narrative beziehen sich sehr deutlich auf den Schatten der Menschheit und die, die diesen Narrativen anhängen, gehen davon aus, dass sie (als Einzige) diesen Schatten der Menschheit sehr wohl erkennen können, ihren eigenen Schattenanteil daran erkennen sie aber nicht.

Verschwörungsnarrative sind kollektiv geteilte Imaginationen über dunkle, verborgene Abgründe und den daraus resultierenden Machenschaften von Menschen. Man folgt nicht immer den eigenen Imaginationen, sondern man adoptiert Imaginationen von anderen Menschen. Es sind vorgefertigte Vorstellungen, die man übernimmt und sie auch nicht verantwortet. Wenn »alle« sie haben, werden sie schon richtig sein. Imaginationen können sehr hilfreich sein, aber sie können auch destruktiv sein. Wir müssen auch unseren Imaginationen gegenüber einen Standpunkt finden: Sind sie lebensdienlich oder schaden sie? Dies ist besonders wichtig, wenn wir Imaginationen von anderen Menschen übernehmen, die nicht mehr mit unseren eigenen Gefühlen verbunden sind.

Die Verschwörungsnarrative sind resistent gegen Falsifikation. Man ist wenig erfolgreich, wenn man nachweislich falsche Informationen verändern möchte. Es gibt zwar im Internet unterdessen schon jede Menge von Vorschlägen, wie man damit umgehen kann. Aber eigentlich sind die, die so einem Verschwörungsnarrativ anhängen, sehr resistent gegenüber Fakten, denn die werden kurzerhand als »Fake« identifiziert. In den Verschwörungsnarrativen stehen sich mindestens zwei Lager gegenüber: Wir, die Wissenden, die auch geheimes Insiderwissen haben, und sich dadurch auch einzigartig fühlen, und die Anderen, die Unwissenden, die zwar versuchen, mit ihrem Pseudowissen die Macht an sich zu reißen, alles zu bestimmen, aber keine Chance haben werden.

Verschwörungsnarrative sollen die Angst bannen – Heldenmythen sind eigentlich dazu da, die Angst zu bannen. Verschwörungsnarrative lösen aber auch Angst aus, besonders auch, weil man mit vielen Menschen, die diesen Narrativen anhängen, nicht darüber diskutieren kann. Je mehr Menschen sich in der aktuellen Situation hilflos fühlen, die Unsicherheit, die ja faktisch besteht, nicht aushalten können, desto mehr werden solche Verschwörungsnarrative auftauchen und die Menschen ansprechen. Dass es darum ginge, Unsicherheit auszuhalten, ist ausgeblendet. Leben ist immer unsicher, aber mit der Pandemie ist vieles noch sehr viel unsicherer geworden. Miteinander über diese grundlegende Verunsicherung zu sprechen, zu verstehen, dass das eine zu bewältigende Herausforderung an alle Menschen ist, und etwas zu finden, das uns mehr innere Sicherheit gäbe, wäre wichtig. Gerade dieser Prozess wird aber umgangen, indem man Sündenböcke findet, diese bekämpft, statt dass man sich mit sich selbst auseinandersetzt. Und die neuen Sündenböcke sind oft die alten Sündenböcke … Auf die Sündenböcke projizieren wir unseren Schatten. Über Schattenanteile kann man mit Menschen sprechen, die sich für ihre Psyche interessieren, die sich entwickeln wollen, die auch einen Zusammenhang zwischen individuellen und kollektiven Prozessen sehen. Wenn Menschen aber der Ansicht sind, es gebe keine Innenwelt – nur die Welt außen, mit der wir uns herumschlagen –, dann sind solche Konzepte wie das Schattenkonzept, das viel erklärt, unverständlich, und möglicherweise könnten auch diese Ideen als »Fake« abgetan werden. Deshalb wäre es wichtig, auch bei den Verschwörungsnarrativen genau hinzusehen und sie nicht einfach als zu einer Gruppe zugehörig zu sehen, die dann auch wieder verachtet wird. Auch so würde man nur kollektiv die Schattenträger abwerten, sie verachten. Man muss sich auch mit der eigenen Bereitschaft auseinandersetzen, Menschen, die anders denken, zu verachten. Andere zu verachten, könnte auch ein Schattenaspekt sein.

Aber wie damit umgehen? Fragen, wie diese Menschen mit der großen Ungewissheit umgehen? Was ihnen dieses Narrativ gibt? Zumindest sich freundlich darüber einigen, dass man sich in dieser Beziehung nicht einigen kann. Und dann die Lebensbereiche suchen, in denen man sich miteinander verständigen kann.

Wenn sich aber zwei Gruppen feindlich und einander abwertend gegenüberstehen, wird Vertrauen als soziales Kapital zerstört. Damit wird aber auch der Zusammenhalt der Menschen untereinander weniger und dadurch können Probleme, zu deren Lösung man einen gewissen Konsens braucht, weniger gut angegangen werden.

Von der Angst zum Fanatismus

Wir wissen unterdessen: Wir sind uns selbst immer auch fremd, und wir müssen uns mit fremden Menschen auseinandersetzen. Dabei gilt es, auch im Umgang mit uns selbst, mit Überraschungen zu rechnen. Dieses Fremde in uns, das uns zur Entwicklung herausfordert, kann uns faszinieren, ängstigt uns aber auch. Auch diese Angst wird den Fremden angelastet, dies umso mehr, als wir geneigt sind, den Schatten, das Ungeliebte, nicht Akzeptierte in uns, das, was uns auch alltäglich ängstigt, auf andere Menschen zu projizieren, unsere nicht akzeptablen Seiten an den Mitmenschen zu sehen und dort zu kritisieren, vor allem aber an den Fremden. So entstehen Vorurteile, besonders, wenn wir sie miteinander teilen, und so werden wir scheinbar »das Böse« los. Wir meinen dann, selbst gut zu sein, und die Anderen sind, vereinfacht gesagt, böse. Wie sehr der Schatten projiziert wird, kann man Hassbotschaften entnehmen, die zum Beispiel lauten: »Wir bleiben rein …« Da werden »die Anderen« als schmutzig, als kontaminiert mit unangenehmen Eigenschaften gesehen, die eigene Gruppe aber ist makellos – sauber. Nur gibt es die Trennung in einer solchen Absolutheit nicht.

Psychologisch gesehen fürchten wir im Fremden Aspekte von uns selbst, die wir eigentlich bei uns fürchten müssten, in ihm sehen wir unser hässliches Gesicht; wir fürchten im Fremden das Fremde in uns selbst, das uns Konflikte beschert und das uns zur Entwicklung herausfordern würde. Wenn die Fremden zu uns kommen, dann wird auch noch die Rivalität und der Neid mit geweckt: Wir befürchten, teilen zu müssen, vor allem aber befürchten wir, schwach zu sein, der neuen Herausforderung nicht gewachsen zu sein. Natürlich würden wir das nie vor uns selbst zugeben, aber wir nähren vielseitige Phantasien der Bedrohung. Das Leben ist grundsätzlich ungewiss, und diese Ungewissheit mit den damit verbundenen Bedrohungsphantasien wird auf die Fremden projiziert. Je mehr Menschen das tun, desto mehr hat das Individuum den Eindruck, wirklich bedroht zu sein. Man schafft eine Wirklichkeit, die nicht mit der Realität übereinstimmt. Man sieht nur das Bedrohliche, nicht aber all das, was gelingen kann. Sich selber sieht man in dieser Situation als schwach, als neuen Herausforderungen nicht oder nicht mehr gewachsen. Was gut ist am Leben, was immer noch gut daran ist, wird zu wenig wahrgenommen. Das hat aber einen großen Einfluss auf das Lebensgefühl. Wenn wir auch von Situationen sprechen, die uns Freude machen, fühlen wir uns besser, vitaler. Sogar wenn wir nur den Körperausdruck von freudigen Gefühlen zeigen, also etwa ein strahlendes Gesicht, ohne dass uns wirklich zum Strahlen zumute ist, fühlen wir uns besser.[129] Wenn wir uns freudiger fühlen, sind wir freundlicher, solidarischer, selbstwirksamer, wir haben mehr Selbstvertrauen, können besser auch mit uns sehr belastenden Situationen umgehen.

Wird in der Angst der Schatten projiziert, dann wird der Andere verschattet, vielleicht fast verteufelt, man selber wird idealisiert, und das kann sich leicht auf die eigene ethnische Zugehörigkeit ausweiten: Man ist dann ein Angehöriger, eine Angehörige einer idealen Ethnie – und damit ist das Selbstwertgefühl vermeintlich wiederhergestellt, ohne dass man etwas dafür getan hat. Damit verbunden ist eine Blindheit anderen Werten als den eigenen gegenüber; die fremden Werte können gehasst und aus dem Hass heraus auch zerstört werden, um die eigene Identität nicht neu bestimmen zu müssen. Fixierte Feindbilder, fixierte Selbstbilder – und die sind oft rassistisch – verhindern ein gutes Miteinander. Helfen würde hier eine sichere Identität in der Verbundenheit und im ständigen Dialog mit dem Fremden – so, wie auch intrapsychisch Entwicklung vonstattengeht –, ohne jede Fixierungen und Vorurteile, aber auch ohne alle Denkverbote. Es ginge um offene Fragen in Bezug auf uns selbst und die Anderen: Wer sind wir, jetzt? Wo fühlen wir uns zugehörig? Welche Werte, die zu unserer Identität gehören, sind nicht verhandelbar? Wie können wir uns einander anverwandeln, ohne dass wir unsere Identität verlieren?

Die Verbindung von Fundamentalismus und Fanatismus

Wenn alles wahr ist – und es ist eine der Verunsicherungen in der modernen Zeit, dass alles wahr sein könnte, alles gleich gültig ist –, wo ist dann *die* Wahrheit, und was ist dann *die* Wahrheit? Diese Frage versucht der Fundamentalismus zu beantworten. Gegen den Bruch mit den Autoritäten in der Aufklärung, unter anderem auch mit dem bis dahin geltenden Gesetz Gottes, und gegen die dann in der Moderne erfolgte Proklamation der Freiheit des Individuums setzt der Fundamentalismus gerade wieder die Existenz einer absoluten Autorität. Damit kann das buchstabengetreue Festhalten an heiligen Texten gemeint sein, worauf sich die ursprüngliche Bedeutung von Fundamentalismus bezieht, verbunden mit einer Ablehnung anderer Standpunkte. Zum Fundamentalismus gehört weiter, dass man versucht, die Gesellschaft nach den eigenen Überzeugungen zu gestalten. Glaube ist nicht Privatsache, sondern öffentlich. Unter Fundamentalismus versteht man heute also einen rigiden, dogmatischen Standpunkt, der andere, abweichende Standpunkte nicht gelten lässt. Auch eine fanatisch liberale oder eine fanatisch antireligiöse Einstellung kann fundamentalistisch sein. Was immer zu einer alleinigen Weltanschauung verpflichtet, der sich alle unterziehen sollen, ist fundamentalistisch. Die vertretene Ideologie ist dabei nicht selten vom Ressentiment gespeist.

Wenn der Fundamentalismus als Antimoderne im Gespräch mit der Moderne oder gar der Postmoderne bliebe, könnte er ein Korrektiv gegen Einseitigkeit und Beliebigkeit sein, ist er das aber nicht, bewirkt er Einseitigkeit. Das gilt für jede Form von Fundamentalismus, für alle fundamentalistischen Strömungen, auch etwa fundamentalistische Wirtschaftsordnungen: Solange sie mit anderen Strömungen im Gespräch bleiben, sich nicht für die, sondern für eine Wahrheit halten, können sie in der Auseinandersetzung mit anderen Ansichten hilfreich sein auf der Suche nach mehr Wahrheit oder einem besseren Leben für alle Menschen.

Fundamentalismus ist mit Fanatismus verbunden. Diese Verbindung sieht Günter Hole so: »Der Fundamentalismus stellt die Wahrheitsfrage, er begründet und fordert die Verbindlichkeit der Sache. Der Fanatismus jedoch will diese durchsetzen, er stellt die Verbindlichkeit der Sache her und verfolgt sie mit absoluter Zielsetzung und – oft so brutaler – Konsequenz.«[130] Die Ressentiments und der Hass treiben das Ganze an, möchte ich hinzufügen. So soll Selbstwirksamkeit hergestellt werden, aber statt um Kreativität geht es um Einengung, um Zerstörung dessen, was nicht zur fundamentalistischen Idee gehört, nicht selten um Zerstörung mit Gewalt. Weil es eine Einstellung gegen »die Anderen« ist, bleiben die Anderen die Schattenträger – und potentiell gefährlich. Das ist einer der Gründe, warum fundamentalistische Systeme sich bedroht fühlen, leicht paranoid sind. Andere Systeme, andere Menschen werden als Außenfeinde wahrgenommen und müssen bekämpft werden. Man kann sich nicht mit ihnen austauschen, sich gemeinsam verändern, denn die Dialogfähigkeit und die Fähigkeit zu Kompromissen sind nicht entwickelt oder werden nicht geschätzt.

Auch bei Fanatikern kann man unterscheiden zwischen genuinen Fanatikern und solchen, die angesteckt worden sind.

Im fanatischen Streben wird ein nachhaltiges Lebensgefühl der Intensität gesucht, das auch Konsequenzen im eigenen Leben hat und die Überzeugung verstärkt, Einfluss zu haben auf das eigene Leben und das Leben anderer. Begeisterungsfähigkeit, Gefühle von Ergriffenheit – dies sind wohl Grundbedürfnisse des Menschen, nicht nur Bedürfnisse des Fanatikers. Grundbedürfnisse wollen aber befriedigt werden.

Problematisch wird das Anstreben dieser Gefühle, wenn sie mit einer Unfähigkeit zum Dialog und zum Kompromiss einhergehen – etwas, was auch als Intoleranz beschrieben wird –, besonders aber, wenn diese Unfähigkeit mit Hass und verborgenem Neid auf Andersdenkende verbunden ist, auf die der Schatten projiziert ist. Das ist eine große Problematik im Zusammenhang mit dem Fanatismus: Erfahrungen und Gefühle, die große Lebendigkeit versprechen, werden verbunden mit großer Einengung und destruktivem Denken und Handeln, sie führen statt zur Lebendigkeit zur Stagnation, letztlich zum Tod.

Es muss eine Erklärung dafür geben, warum oder unter welchen Bedingungen konstruktiv wirkende Identifikationen mit Ideen, die zu Interesse und Kreativität führen, zu destruktiv wirkenden Identifikationen mit Ideen werden, die Einengung, Stagnation und Zerstörung bewirken. Es muss eine Erklärung dafür geben, warum der Fremde nicht als anderer wahrgenommen wird, der ein ebensolches Recht hat, ein gutes Leben zu führen, warum der Dialog mit ihm nicht stattfinden kann. Ideen zu dieser Problematik könnten gefunden werden, wenn man den fanatischen und den idealistischen Menschen miteinander vergleicht.

Der idealistische und der fanatische Mensch

Gemeinsam ist dem leidenschaftlichen, idealistischen Interesse und dem Fanatismus der glühende Eifer, mit dem eine Sache verfolgt wird, die Ergriffenheit von einer Idee, die die ganze Kraft eines Menschen bündelt. Der Mensch ist erfasst von etwas, das größer ist als er selbst. Das gibt zunächst die innere Gewissheit, auf einem sinnvollen Weg zu sein, und vermittelt Lebendigkeit.

Der Unterschied zwischen Idealismus und Fanatismus besteht darin, dass der fanatische Mensch einen »blinden« Eifer hat, blind gegenüber allen anderen Werten, die es genauso wert wären, verwirklicht zu werden – und der Inhalt des blinden Eifers stammt aus dem Ressentiment. Und dementsprechend ist er bereit zu hassen und gegebenenfalls alles zu zerstören, was der Wahrheit widerspricht, die er vertritt und der er zum Durchbruch verhelfen muss, um wirklich ein ganz besonderer Mensch zu sein. Menschen, die sich in einer konstruktiven Weise mit einem ethisch wertvollen Ideal identifizieren, die leidenschaftlich interessiert sind, dieses zu verwirklichen, kennen natürlich auch Situationen, die sie an dem hindern, was ihnen so wichtig ist, aber »die Feinde« sind hier nicht so leicht auszumachen. Und auch die innere Gewissheit, die sich durch die Identifizierung mit einer Idee, die einem zentral wichtig ist, einstellt, wird immer wieder in Frage gestellt. Der konstruktiv Identifizierte weiß, dass es auch andere Ideen gibt, die zu realisieren wichtig sind, auch wenn vielleicht nicht von ihm selbst. Er ist nicht starr bestimmt von seinem Ideal, er stellt den Wertekanon als Ganzes nicht in Frage, auch wenn er unter der Dominanz eines einzelnen Wertes steht. (Ein Beispiel wäre hier der Christ, der anderen Religionen Daseinsberechtigung einräumt, seine eigene Religion aber als die für ihn beste hält.) Aber es wird schon deutlich: Auch idealistische Menschen können leicht fanatisch werden.

Erich Fromm bemühte sich auch um die Unterscheidung zwischen einem Menschen – wie er sagte –, der »mit tiefem Glauben einer geistigen oder wissenschaftlichen Überzeugung verbunden ist«[131] und einem Fanatiker. Denn wenn Menschen mit einer tiefen Überzeugung grundsätzlich Fanatiker wären, dann müssten Menschen wie Buddha, Sokrates, Jesus, Darwin, Freud, Jung und andere alle als Fanatiker bezeichnet werden.

Fromm meinte, man würde den Fanatiker eher an »gewissen Eigenschaften der Persönlichkeit«[132] erkennen als am Inhalt der Ideen: »Die wichtigste und im allgemeinen auch leicht erkennbare Persönlichkeitseigenschaft des Fanatikers ist eine Art ›kaltes Feuer‹, eine Leidenschaftlichkeit, die gleichzeitig ohne Wärme ist. Niemand und nichts liegt ihm am Herzen, auch wenn er vielleicht Anteilnahme als wichtigen Bestandteil seines Glaubens proklamiert. Das kalte Funkeln in seinen Augen sagt uns oft mehr über den Fanatismus in seinen Ideen als die offensichtliche ›Unvernünftigkeit‹ der Ideen selbst.«[133]

Fromm spricht dem Fanatiker ein echtes Gefühl ab und begründet dies damit, dass Gefühle aus der Interaktion mit anderen Menschen stammen, der Fanatiker aber gerade diese Interaktion nicht leisten kann, er ist gefangen im Hass – nach Fromms Beschreibung in kaltem Hass –, der zu Destruktion führt und die Verbindung zu den anderen Gefühlen, auch zu den positiven Gefühlen, unmöglich macht, auf diese Weise aber auch die positiv emotionale Wertschätzung und Verbindung zu den anderen Menschen unterbricht. Interaktion im Sinne eines Dialoges, im Sinne eines Austauschs, ist so nicht möglich. Dazu noch einmal Fromm: »Er [der Fanatiker, V. K.] hat die Illusion, eine innere Erregung zu empfinden, während er in Wirklichkeit kein echtes Gefühl aufbringt.«[134] Der fanatische Mensch ist nicht wirklich begeistert, er wäre nur gerne begeistert.

Fromm meint, der Fanatiker lebe in einem Gefühl der narzisstischen Erregung, seine Gefühle der Isolierung und Leere würden kompensiert durch eine »völlige Unterwerfung unter das Idol und in der gleichzeitigen Vergottung seines eigenen Ich ertränkt, das er zu einem Bestandteil des Idols gemacht hat. […] Er ist leidenschaftlich in seiner abgöttischen Unterwerfung und seiner Grandiosität, gleichzeitig ist er jedoch kalt und zu einer echten Bezogenheit und einem echten Gefühl unfähig.«[135] Für Fromm ist der Fanatismus das Resultat der Unfähigkeit zur Bezogenheit zu Menschen, zu den Freuden und dem Trost, die in den Beziehungen liegen.

Verführerisch und politisch gefährlich ist der Fanatiker, weil er den Eindruck erweckt, vollständig überzeugt zu sein von etwas und intensiv zu fühlen: »Ist es verwunderlich, dass es ihm gelingt, so viele mit seinem gefälschten Glauben und Gefühl anzuziehen, wo wir doch alle uns nach Gewissheit und leidenschaftlichem Erleben sehnen?«[136] Dieses klare Wissen um Wichtiges, das die Fanatischen ausstrahlen, die einfachen

Rezepte, das Wachrufen der verborgenen Ressentiments mit dem Versprechen, Gerechtigkeit herzustellen, überzeugt viele Menschen, auch wenn das Versprochene nie eingelöst wird und wenig mit der Realität zu tun hat. Der Hass, mit dem das Ganze vorgetragen wird, wirkt stark und sicher – ganz im Gegensatz zu all den »Intellektuellen«, die sorgfältig verschiedene Perspektiven gegeneinander abwägen und die Schritte so planen, dass sie auch wieder korrigiert werden können, wie es etwa die Politik machen muss. Dieses sorgfältige Überlegen und Abwägen wird dann schnell lächerlich gemacht; es gibt viel Empörung über die komplizierten Intellektuellen, aber nicht etwa einen Dialog. Wozu auch? Man weiß es ja besser! Es besteht ja auch keine Beziehung zu Menschen, die andere Ideen haben. Es fehlt überhaupt die Bezogenheit zu anderen Menschen, und diese fehlende Bezogenheit macht – wie wir wissen – auch den Ursprung des Hasses aus.

Auch Günter Hole sieht das Defizit des Fanatikers in der fehlenden Bezogenheit: »Sie lieben Ideen mehr als Menschen, die Hingabe an Ideen ist abnorm stark, die Hingabe an Menschen jedoch eigenartig blockiert oder gebrochen. [...] Man kann wohl allgemein sagen, dass typische Fanatiker eine gebrochene emotionale Beziehung zur Breite der Kultur und zur Fülle des Lebens überhaupt haben.«[137] Hole fügt dann auch an, Fanatiker hätten oft eine gestörte Beziehung zu ihrem Körper. Dieses Zitat aus einem vor über zwanzig Jahren geschriebenen Buch mutet sehr modern an, bedenkt man, wie viele Kulturgüter durch den sogenannten »Islamischen Staat« zerstört worden sind. Ist der Grund Neid auf die Kultur? Neid auf die Menschen, die sich der Kultur verbunden fühlen, in ihr ihre Wurzeln haben?

Die Fähigkeit zur Bindung, zum Tragenden im Leben, auch die Beziehung zum Körper und zu den Gefühlen – zu allem, was Menschen nicht nur weich, sondern auch verletzlich und im Falle des Körpers letztlich sterblich macht – fehlen. Und weil Fanatiker keine Beziehung zum anderen Menschen haben, auch keine Beziehung zum Körper, können sie so leicht andere Menschen, aber auch sich selbst zerstören. »Blühendes, lachendes, spielerisches Leben ist ihnen zuwider«[138] – weil sie keinen Zugang dazu haben? Weil sie neidisch sind auf die, die diesen Zugang haben?

Was wir gegen Hass tun können – ein paar Ideen

Es ist im Moment sehr viel Hass in der Welt, es gibt viele Tendenzen der Ausgrenzung, des Zynismus, der Destruktion. Damit müssen wir umgehen, dem haben wir entgegenzutreten – das ist der Lernprozess, der von uns allen gefordert wird. Das sehen viele Menschen zum Glück so und entwickeln Ideen dafür.

Auf Hass mit Hass zu antworten, da sind sich viele einig, verstärkt nur die Spirale des Hassens und der Ohnmacht. Zu denken, die Anderen seien die Hasser, die Zyniker, man selbst dagegen sei konstruktiver, lebendiger – dies fördert die Spaltung in »Gute« und »Böse« und führt erfahrungsgemäß auch zu neuer Destruktion. Den Umgang mit Hass, mit Zynismus, mit Destruktion müssen wir immer wieder lernen, aber auch die Auseinandersetzung mit dem Hass, der uns aus der Welt entgegenkommt.

Bedenken wir zunächst die Wurzeln des Hasses: Grundsätzlich wäre es natürlich wünschenswert, dass Menschen einfühlsam mit Kindern umgehen, so dass deren Bindungsbedürfnisse befriedigt werden und sie spüren, dass sie eine fraglose Daseinsberechtigung haben, dass sie nicht schon von Anfang an zu kurz kommen. Es braucht »hinreichend gute Eltern«, sie müssen nicht perfekt sein, Eltern, die Sicherheit geben, aber dabei die Kinder nicht zu sehr bestimmen. Nicht zu viel Verwöhnung wäre wünschenswert, so dass die Kinder die Realität des Lebens begreifen: Die gebratenen Tauben fliegen einem normalerweise nicht in den Mund – und Leben verändert sich. Enttäuschungen bleiben nicht aus – aber auch Freuden. Wer mit Frustration umgehen kann, hat es einfacher. Kinder brauchen einen freundlichen Blick, gelegentlich auch einen freundlich-nüchternen Blick, mit dem freundlich Unstimmiges aufgespürt und angesprochen werden kann. So können Verbundenheit, Vertrauen in sich und ins Leben, Freude, Interesse, Freude am Schaffen mit anderen als Grundlage eines hinreichend guten Selbstwertgefühls erlebt werden. Ärger darf ausgedrückt werden, man lernt, mit ihm umzugehen – auch durch das Beispiel der Älteren.

Dasselbe gilt für die Angst: Angst zu haben ist normal, sie bringt einen nicht um. Überhaupt: Dem Kind wäre erlaubt ein lebendiges, emotionales, gefühlvolles Wesen zu sein, das empathisch sein kann und schwach sein darf, aber auch stark, das den eigenen Interessen folgen darf, sich aber auch wieder mit anderen Menschen verbinden kann. So würden Menschen dialogfähig, würden aber auch dazu fähig, mit zerstörerischen Phantasien umzugehen – dies in einer Umgebung, die nicht von Hass, Zorn und Empörung geprägt ist, sondern von dem Gefühl und der Überzeugung, dass in widrigen Situationen konstruktives Handeln möglich ist.

Wer in einer hasserfüllten, von Ressentiment geprägten Atmosphäre aufwächst, zusammen mit Menschen, die selber ihre Emotionen nicht regulieren können, ist bereits mit Hass infiziert – und kann gar nichts dafür. Und das hängt nicht nur mit psychischen Problemen zusammen, sondern auch damit, dass in unserer Gesellschaft gute wirtschaftliche Perspektiven und ein hinreichendes Maß an Sicherheit für möglichst alle Menschen Wirklichkeit werden müssten.

Gibt es Veränderungsmöglichkeiten? Jaak Panksepp[139] weist auf Folgendes hin: Wenn einige grundlegende Emotionssysteme, die sich im Körper festschreiben, in der frühen Kindheit zu sehr aktiviert worden sind – wie zum Beispiel Angst und Ärger, etwa wenn Kinder in einer Umgebung aufwachsen, in der diese Emotionen dominieren –, dann könnte man grundsätzlich andere, ausgleichende Systeme ansprechen, Systeme, die mit Neugier, mit Spiel, mit Freude verbunden sind. Vielleicht ist zum Beispiel die Freude am Sport hier eine Quelle, die außerhalb des Hasses ist.

Sich dem Hass entgegenstellen

Wie also umgehen mit Hassern und Hasserinnen, wenn sie uns im Alltag begegnen? Es gibt zu viele Menschen, die hassen, die ihren Hass in die Welt hinausschreien, ihre Hass-Tweets im Internet verbreiten – und zwar unter ihrem vollen Namen. Kein Grund, sich zu schämen, sondern ein Grund, stolz zu sein, dass man so destruktiv ist? Das macht den Menschen Angst, die sich vor Destruktivität fürchten. Genauso, wie auch der kalte Hass in Form von Zynismus, den es allenthalben gibt, großes Unbehagen verursacht, falls wir uns nicht schon daran gewöhnt haben.

Da sich »Hassreden« in den neuen Medien verbreiten, wird natürlich auch darüber nachgedacht, wie man damit besser umgehen kann.[140] Der Ruf nach Verboten ist immer sehr rasch hörbar – aber wollen wir umgeben von immer noch mehr Verboten leben? Dann hätten die Hassredner erreicht, was sie vielleicht erreichen wollen: dass niemand mehr des Lebens so richtig froh sein kann. Susan Benesch, in den USA eine der führenden Forscherinnen zu Hetze und Hassrede im Internet, die von Schaarschmidt ausführlich zitiert wird, hat sich u. a. im Rahmen des »Dangerous Speech Project« Gedanken gemacht, wie man »Dangerous Speech« – gefährliches Reden, Hetzen – vermeiden kann.[141] Sie weist anhand der Geschichte nach, dass »Brandreden« (inflammatory speech) der Massengewalt vorangehen, dass Hassreden Gewaltausbrüche bewirken, dass es also sinnvoll ist, etwas gegen diese »Dangerous Speech« zu unternehmen. Sie sucht nach Methoden, das Äußern dieser hasserfüllten Brandreden einzudämmen, ohne dass die Redefreiheit beeinträchtigt wird. Auch aus ihrer Sicht schließt Hass aus, isoliert und weckt Angst. Der Widerstand gegen Hassreden, so Benesch, wächst, wenn kritisches und skeptisches Denken geschult, Empathie mit anderen Gruppen gefördert wird und auf diese Weise die Fähigkeit wächst, den Dissens, den man mit der Idee eines Führers hat, auszudrücken.[142]

Empathie mit anderen Gruppen bewirkt, dass man die Mitglieder dieser Gruppen nicht mehr als minderwertige Menschen betrachten kann. Gegen diese Aufhetzung aufstehen zu lernen, so meint sie, kann in einem Rollenspiel gelernt werden. Wichtig wäre ihr, dass diese »Gegenrede« natürlich von einflussreichen Menschen geführt wird, vor allem aber, wenn sie aus vielen Quellen gleichzeitig mit dem gleichen Ziel vorgebracht wird. Dabei geht es vor allem auch darum, Falschinformationen oder auch nur falsche Gerüchte als solche zu entlarven und deren Urheber damit zu konfrontieren. Es geht um Mut zur Angst – in ganz konkreten Situationen. Vor allem weist Benesch darauf hin, wie wichtig es ist, dass die angegriffene Gruppe von jemandem – oder von vielen – als menschlich dargestellt, humanisiert wird, etwa indem man deutlich macht, dass beide Gruppen leiden, die angreifende und die angegriffene, und dass es eine gemeinsame Identität gibt, ein »Wir« – im selben Universum, mit denselben Aufgaben. Als besonders erfolgreich erachtet sie es, wenn Insider, also Menschen, die zunächst dieser hetzenden Gruppe angehörten, aber herausgelöst werden konnten, gegen die Indoktrination sprechen.[143] Die Gesellschaft müsste sich konsequent den Hassreden entgegenstellen, Fehlinformationen ständig korrigieren – und soweit es geht, den Dialog suchen.

Andere Untersuchungen beschäftigen sich mit der »Emotionsansteckung« im weiteren Sinne im Netz.[144] Sie werden auch im Zusammenhang mit Marketing gemacht. Die Ergebnisse sind: Mitteilungen mit positivem Inhalt werden weiter verbreitet als solche mit negativem. Allerdings: Inhalte, die Ärger transportieren, sind attraktiver als solche, die Trauer zum Inhalt haben. Positiver Inhalt ja, aber offenbar spielt der Grad der Aktivierung eine Rolle.[145] Und da interessiert dann Zorn doch wieder mehr. Dennoch: Das Netz könnte also auch für eine Ansteckung mit positiveren Inhalten nützlich sein – man müsste es dann halt auch dafür nutzen.

So etwas versucht das Computerprogramm »The NiceBot«, das alle dreißig Sekunden eine nette Botschaft über Twitter verschickt. Die Initiatoren wollen damit dem Hass und den Gemeinheiten im Internet etwas entgegensetzen.[146] Es gibt offenbar viele solcher Kampagnen – auch wenn sie den Hass, die Unanständigkeit aus dem Netz nicht zu entfernen vermögen, es ist ein anderer Ton und von daher sehr wichtig.

Mit Hass auf Hass reagieren?

Über die Art, wie wir auf chronische Hasser und Hassaktionen reagieren, können wir auch herausfinden, was Hass bewirkt und wie man damit umgehen könnte.

Die emotionale Reaktion auf Hasser, Hasstiraden, Zynismus etc. ist meist die, dass wir ebenfalls mit Hass antworten, nicht hinsehen, eliminieren möchten, was da geschieht, dass wir ausstoßen, zerstören wollen. Ausstoßen: Die Hasser gehören nicht zu uns – auch wenn wir sie gerade hassen –, wir grenzen uns ab, pathologisieren sie. Das heißt, wir fühlen uns unmittelbar bedroht durch die Hasser, sogar wenn sie »die Anderen« hassen, denn: Meinen sie nicht vielleicht doch auch uns? Oder überhaupt uns? Ohnmacht, Unsicherheit, Hilflosigkeit, Angst macht sich breit.

Es ist schwierig, sich in Hasser einzufühlen, und vielleicht wollen wir das auch gar nicht. Zumindest nicht, wenn es um eine größere Gruppe geht. Sich einfühlen würde heißen, versuchen zu verstehen, worum sie sich sorgen, wo ihre Ängste sind. Wenn wir es mit einem einzelnen Hasser zu tun haben, dann kann unsere Einfühlung und unser Wissen um die Dynamik im Hass noch mitspielen, ein minimaler Dialog ist noch möglich. Wenn man aber einem Gruppen-Wir von Hassern gegenübersteht, lässt man sich rasch zum Opfer machen und bringt die differenzierteren Gedankengänge nicht mehr ein, verliert die Ruhe und die Geduld, mit der Unsachliches angesprochen werden könnte. Opfer wollen wir nicht sein, also werden wir insgeheim auch aggressiv, stoßen auch wir aus, werden insgeheim Angreifer, verachten unsererseits – und stehen nicht zu unserer Angst.

Hier helfen die Ideen von Winnicott:[147] Hass und Zerstörungsphantasien gehören zum Menschen. Sie sind aber bei vielen abgewehrt, liegen im Schatten und wirken dennoch. Sie müssten deshalb wahrgenommen werden. Wenn wir wahrnehmen, dass wir Hassgefühle und destruktive Ideen haben, könnte uns das mit Trauer erfüllen, denn sie trennen uns von den anderen Menschen, sie entsprechen auch nicht der Idee, die wir Menschen von uns als Menschen haben wollen. Wenn angesichts der Destruktivität Schuldgefühle, die mit der Trauer verbunden sind, zugelassen würden, könnte man konstruktiv werden, Abhilfe schaffen, vielleicht auch etwas wiedergutmachen.

Reagieren wir so, wie es Winnicott vorschlägt – und das kann man meines Erachtens nur, wenn man grundsätzlich das Leben liebt –, dann machen wir die Spaltung nicht mit, stoßen wir die Hasser nicht aus. Halten wir die Tür zum Dialog offen. Die Spaltung wäre: Wir sind die Guten, die Hasser sind die Bösen. Wir können stattdessen versuchen, unseren Schatten nicht zu projizieren – soweit uns das möglich ist. Die unangenehme Erkenntnis: Auch wir können hassen, auch wir sind böse, können destruktive Phantasien haben. Aber wir nehmen sie wahr, verbunden mit den Ängsten, die zu dieser Destruktion geführt haben, wir agieren die Destruktivität nicht aus, wenn immer möglich. Wir haben eine gewisse Schattenakzeptanz – und könnten dann konstruktiv werden, könnten uns wieder mit den Anderen verbinden, liebevoll auf die Welt zugehen.

Der Umgang mit dem Hass, wie ihn Winnicott beschreibt, betrifft aber noch eine warme Form des Hassens, ein Hassen, das ablehnend, aber noch nicht verbunden ist mit einem feststehenden Ressentiment und den daraus entstehenden kognitiven Hassinhalten zur Herstellung einer vermeintlichen Gerechtigkeit. Mit dieser reflektierten, verantwortlichen Auseinandersetzung mit dem eigenen Hass- und Destruktionspotential – also ganz praktisch mit unserem Hass- und Destruktionsschatten – anerkennen wir ein Problem, an dem wir gemeinsam arbeiten können.

Wir geben also dem Hasser nicht unseren Hass![148] Der Facebook-Eintrag von Antoine Leiris, noch am Abend, an dem seine Frau durch die Terroristen in Paris getötet worden ist, hat die Welt bewegt: Nicht Hass auf Hass, sondern die Möglichkeit, seinem kleinen Sohn weiter Orientierung geben zu können, ihn nicht in einen schützenden Käfig einzusperren – nicht im Gefängnis der Angst und der Wut zu sein. Eine großartige Selbstermächtigung zum Mut zur Angst, zur freiheitlichen Werteordnung – aber auch sehr deutlich dieses Wissen darum: Reagieren wir mit Hass, dann sind wir im selben System, in dem die Hasser gefangen sind, mitgefangen.

Den eigenen Hass- und Destruktionsschatten wahrzunehmen, macht den Blick frei auf die Hintergründe der Hasser. Es wird schließlich niemand als Hasser oder Hasserin geboren. Das aber wiederum könnte helfen, die »angesteckten Hasserinnen und Hasser«, also die, die nicht durch ihre Lebensgeschichte zu Hassern geworden sind, hellhörig zu machen. Sie wollen ja eigentlich etwas Großes, und mit dem eigenen Hass und der eigenen Destruktivität umzugehen, ist etwas Großes, ist eine große Herausforderung. Den Gefühlen von Ohnmacht und großer Angst mit Hass zu begegnen, vertieft dagegen die Gefühle der Ohnmacht bloß. Was gebraucht wird, ist schöpferische Veränderung. Die Frage also ist: Wie wird Destruktivität zur Aggressivität im Sinne des Schöpferischen?

Wut und Ärger – und die daraus erwachsende Aggression – enthalten ein wichtiges Energiepotential zur Veränderung, zum schöpferischen Wandel, dafür, dass etwas anderes durchgesetzt werden kann. Aggression nun meint, auf die Dinge zuzugehen, sie zu verändern, zu wandeln – aber nicht primär, sie zu zerstören. Natürlich geht jede Veränderung damit einher, dass die alten Zustände so nicht mehr gelten, dass sie verschwinden, eben verändert werden. Insofern gibt es keine schöpferische Veränderung ohne Zerstörung. Aber es ist ein großer Unterschied, ob man etwas schöpferisch verändern möchte, also auch ein Ziel dieser Veränderung im Blick hat, oder ob man aus Verzweiflung und Perspektivlosigkeit einfach alles zerstören möchte. Ob Rachephantasien, die aus dem Ärger erwachsen, um das verletzte Selbstwertgefühl wieder zu stabilisieren, ausgeführt werden, hängt unter anderem auch davon ab, ob wir einen Menschen, der uns gerade ärgert, auch gern haben, lieben – und auch davon, wie unsere prosozialen Gefühle anderen Menschen gegenüber entwickelt sind. Prosoziale Gefühle gehören zur menschlichen biologischen Grundausstattung, die natürlich im Laufe der Entwicklung gefördert oder gehemmt werden können.

Prosoziale Gefühle führen dazu, dass Wut und Ärger und die daraus sich entwickelnde ärgerbedingte Aggression schöpferische Veränderung bewirken und nicht Destruktion. In der griechischen Mythologie sind Ares, der Kriegsgott, und Hephaistos, der wunderbare Schmied, Brüder. Beide haben eine Beziehung zur Liebesgöttin Aphrodite: Sie ist die Frau von Hephaistos, Kinder aber hat sie mit Ares, der »Außenbeziehung«. Man kann die drei, die da eine Geschichte miteinander haben, als zusammengehörig sehen und die Geschichte als ein Symbol dafür nehmen, dass Destruktion (Ares) nur in Verbindung mit der Liebe (Aphrodite) dann auch schöpferisch verarbeitet werden kann.

Das heißt aber: Wenn wir mit dem Hass in der Welt umgehen wollen, ist es wichtig, dass wir unsere prosozialen Gefühle wahrnehmen und reflektieren und uns diese Wahrnehmung auch gegenseitig immer wieder verstärken. Solche Sätze wirken in der heutigen Zeit immer etwas romantisch – aber was haben wir denn sonst dem Hass entgegenzusetzen? Ich halte es für gefährlich, wenn wir die Ressourcen, die wir haben, zynisch entwerten, wenn wir unsere Beziehungsressourcen abwerten. Das heißt ja nicht, dass man die schwierigen Aspekte des Lebens ausblendet. Bloß: Es ist genauso einseitig, wenn wir die guten Aspekte des Lebens, die Vertrauen schaffen, ausblenden. Und Menschen mögen nun einmal auch andere Menschen, das können wir an der Art sehen, wie Menschen einander in der Gefahr unterstützen. Menschen haben auch Mitgefühl – sie sind nicht nur zynisch. Wir fühlen mit anderen Menschen und wir möchten einander auch helfen. Das ist eine Gegenposition zum Erstarren vor allen möglichen Gefahren, vor dem Sich-Verkriechen in einem Gefängnis, das all die paranoiden Phantasien um uns errichten wollen.

Wenn wir an die Gefühlsansteckung denken: Wir stecken uns auch mit Mitgefühl, mit prosozialen Gefühlen an, was wohl ganz alltäglich ist. Auffallend wird es dann, wenn Menschen etwa miteinander andere Menschen betrauern, aber auch, wenn sie sich einfach miteinander freuen, wenn sie etwas zusammen erleben, was sie begeistert – etwa gemeinsame Musikerlebnisse, Sporterlebnisse, Kunsterlebnisse, geteilte spannende Ideen.

Liebe zum Leben statt Destruktivität

Das Böse zu hassen ist keine Tugend. Das bedeutet aber nicht, dass man sich diesen Hassmanifestationen nicht entgegenstellen soll. Wir wollen keine Welt, in der Hass und Zynismus leitende Werte sind. Die Konstrukte, die im Hass verborgen sind, die Vorurteile, die Ansprüchlichkeiten und vieles mehr, sollen hinterfragt werden – auch das ist eine Form, mit einer anderen Sicht der Realität sich den Hassenden entgegenzustellen. Wir wollen Solidarität, Mitgefühl, den Entschluss, miteinander die anstehenden Probleme zu lösen, Dialogfähigkeit, Kompromissfähigkeit. Wut wollen wir konstruktiv einsetzen, um die Situation lebensdienlicher zu machen. Es geht nicht mehr einfach um Empörung, das ist viel zu einfach, es geht um Engagement und Verbindlichkeit. Der Zustand der Welt ist im Moment unser aller Schicksal. Und das Schicksal, auch das politische Schicksal, ist nicht etwas, das man den Politikern und Politikerinnen anlasten kann, so wenig wie die ganz normalen Schwierigkeiten des Lebens. Das Lösen der Probleme kann man aber auch nicht einfach den Politikern und Politikerinnen überlassen – natürlich erwartet man von ihnen Ideen, Führung –, aber große Wandlungsprozesse sind schöpferische Prozesse, an denen viele teilnehmen sollten, aus Liebe zum Ganzen mit dem Ziel, für möglichst alle immer mehr ein gutes Leben zu ermöglichen. Das müsste aber auch die Anstrengung aller sein.

Es gibt keine Erlösung durch eine Ideologie. (Keinen Führer.) Das heißt aber auch, dass man zur eigenen Schwäche steht und darauf vertraut, dass wir einander in dieser Schwäche auch beistehen können. Miteinander. Im Hass steckt die Angst vor Schwäche und Abhängigkeit, die Angst, die eigene Schwäche eingestehen zu müssen, und daher wird sie maskiert durch die Destruktivität, daher die Identifikation mit dem Zerstörer – um nicht selbst zerstört zu werden, wird zerstört. Vielleicht ist es sogar die Identifikation mit dem Tod als dem unzerstörbaren Zerstörer (Mary Williams).[149] Doch das ist keine wirkliche Stärke, wirkliche Stärke kommt daher, dass wir aufeinander vertrauen, dass wir einander das Mitgefühl spüren lassen, dass es uns klar ist, dass alle zusammen helfen.

Der Angst vor dem Fremden vorbeugen

Wir dürfen nicht vergessen: Menschen müssen sich einigermaßen geborgen und akzeptiert fühlen in dem sozialen Umfeld, in dem sie leben. Es geht darum, dass wir immer wieder mit Menschen auch vertraut werden können. Es geht um eine sichere kulturelle Identität, verbunden mit Weltoffenheit. Es geht um das Gefühl, irgendwo dazuzugehören – durchaus in verschiedenen Gruppierungen –, aber auch immer wieder ausgreifen zu dürfen, hin zum Unbekannten, Fremden, um sich in der Geborgenheit auch verändern zu können. Fühlen sich Menschen einigermaßen sicher und geborgen (wirklich sicher ist das Leben ja nie …), dann ist es auch möglich, zu den eigenen Schattenseiten zu stehen, dann muss man weniger projizieren, wodurch man realer, mitfühlender und gemeinschaftsfähiger wird. Das fördert die Überzeugung, dass man miteinander die neuen Anforderungen und die Veränderungen bewältigen kann. Aus dieser Sicherheit heraus kann man nicht nur ängstlich, sondern auch neugierig und vielleicht sogar ein wenig fasziniert auf das Fremde und die Fremden zugehen.

Es ist aber nicht nur wichtig, dass man sich der Solidarität vergewissert im Sinne von: Wir miteinander, sondern ebenso sehr: Wir mit den Anderen. Es ist ebenfalls wichtig, dass man auch die Ängste, die Befürchtungen, die man aufgrund der raschen Veränderung der Welt haben kann, miteinander teilt und diskutiert – die Befürchtungen sind ja Vorstellungen des Schreckens, nicht selten geprägt durch unsere Ressentiments, hochgeputscht durch eine Presse, die die Erregung bedient. Erfasstsein durch die Bedrohung, ein fast paranoides Lebensgefühl der Bedrohung soll durch das Miteinander-Teilen und Diskutieren gerade nicht gefördert, sondern hinterfragt werden. Es ist im Übrigen genauso realistisch, lebensdienliche Vorstellungen von der Zukunft zu haben wie katastrophale.

Die Unsicherheit angesichts neuer Strukturen, Umwälzungen, Identitätsdiffusionen kann ausgehalten, miteinander geteilt werden; dies ist eine Herausforderung, die uns dazu bringt, wieder mehr über uns selber nachzudenken. Die Bedrohung unserer Werte, sei sie nun real oder vorweggenommen, führt uns dazu, wieder über unsere Werte nachzudenken: Was sind Werte, die wir nicht aufgeben wollen? Diese Wertedebatte wird zwar auch jetzt geführt, aber unpräzise und generalisiert: Es ist die Rede von den abendländischen Werten, den christlichen Werten … Werden wir doch genauer! Was sind die

Werte, zu denen wir stehen und die wir auch benennen wollen? Wichtig sind etwa unsere Freiheiten, unsere Vorstellungen vom Zusammenleben und vieles mehr. Gerade dazu fordern uns die Fremden heraus. Und wie immer gilt: Dies ist zwar beängstigend, aber notwendig. Es besteht aber gar keine Gefahr, dass unsere Werte zerstört werden, solange wir nicht zu ihrer Zerstörung beitragen, indem wir selber an ihnen zweifeln oder indem wir wertneutral leben wollen. Was wir erreicht haben, an Freiheiten, an kulturellen und sozialen Errungenschaften, darauf können wir stolz sein, daran können wir uns erfreuen – wohl wissend, dass wir immer noch auf dem Weg sind zu einer menschlicheren Gesellschaft. Oder wollen wir wie das Kaninchen angesichts der Schlange leben?

Mut zur Angst und Mut zur Hoffnung

Angst weckt Ressentiments: Alte Erfahrungen, die belastend waren, brechen in Situationen der Ungewissheit wieder auf und genau darauf starren diese Hasser, wobei sie im abgewehrten Hass und in der Angst steckenbleiben. Wo ist das Schöne, das Interessante, das, was Freude macht? Aber auch: Wie der Bedrohung entkommen? Diese Negativität bewirkt, wie ich weiter oben dargelegt habe, dass man im Konflikt steckenbleibt, dass es nicht mehr möglich ist, Lösungen zu erreichen, die dann meistens auch recht umfassend bedacht werden müssen. Man kann auch in eine kollektive Depression versinken – man ist eh allem ausgeliefert – oder Ängste schüren, einander mit immer mehr Angst anstecken, dann leiden wir zumindest unter großen Befürchtungen. Auch das ist etwas Großes. Nun ist auch die Hoffnung ein Grundgefühl, ein Gefühl, das unseren Lebensdrang begleitet. Wenn wir uns bewusst werden, welche Ressentiments bei uns anspringen, können wir darüber reflektieren und sprechen, und dann kann sich auch die Hoffnung wieder mehr zeigen, nicht in ihrer illusionären Form, dass schon alles wieder gut wird, aber in der Form, dass Perspektiven sichtbar werden.

Miteinander über die Angst sprechen, sie nicht schüren, zugeben, dass man Angst hat, sich differenziert darüber austauschen, welche Ängste wirklich im Vordergrund sind – das sind wichtige Schritte. Mut zur Angst ist gefragt, aber auch Mut zur Hoffnung; Mut zum Entwerfen von Perspektiven gelingenden Lebens ist ebenso wichtig. Nicht der angstlose Mensch ist gefragt, nicht wieder die Verdrängung der Angst oder eine Art »Wurstigkeit« gegenüber den Problemen, sondern vielmehr eine gewisse Gelassenheit. Die Kulturschaffenden haben das Thema im Theater, in Filmen, Texten bereits benannt und werden das auch weiter tun. Im Spiegel dieser Werke kann man sich beispielhaft mit der Angst auseinandersetzen. Das Thema ist nicht neu, es gibt viele Bücher aus vielen Jahrhunderten, in denen immer wieder beschrieben wurde, wie man mit diesem Problem umgehen kann. Es gibt so etwas wie einen kulturellen Übergangsraum, in dem auf spielerische Weise Verhalten und Denken geübt werden kann, was uns ermöglicht zu leben, wie wir leben wollen. Allerdings werden gegenwärtig eher düstere Vorstellungen von der Zukunft beschrieben. So fragt etwa Martin Ebel: »Wo also bleibt das Positive, ihr Futuristen? Seht ihr nicht, wie wir den Erdball in den Ruin wirtschaften ….«[150] Und er fragt weiter, wo denn die eigentlichen Visionäre sitzen. Vielleicht müssen wir wirklich in unserer kulturellen Vergangenheit nach positiven Utopien suchen und diese auf die Jetztzeit extrapolieren. Gesucht wird auch von Ebel die Phantasie, eine »gerechte, friedliche, naturschonende, wohlhabende Welt dagegenzustellen«[151].

Auch hier gilt: Können wir lebensdienliche Vorstellungen entwickeln? Sie beschreiben, sie darstellen? Und können sie so aufregend sein wie die apokalyptischen? Vielleicht sind die Ereignisse in der Welt ja so aufregend und so verstörend, dass wir gerne etwas lesen oder sehen, was mit Mut zu einem gemeinsamen Lösen von Problemen verbunden ist, was mit

Wohlwollen einhergeht und mit einer ernsthaften Reflexion darüber zu tun hat, was uns denn unabdingbar wichtig ist. Dabei scheinen mir Werte wie Mitgefühl, Sinn für Menschlichkeit, aber auch für Gemeinschaft als anzustrebende Werte zu fördern sein. Es gibt in dieser Welt ja nicht nur viel Hass, es gibt auch viel Freundlichkeit und daraus heraus Solidarität – und die können gepflegt werden.

Bei sich selber die Quellen der Angst und des Hasses wahrnehmen – aber auch die Quellen der Freude, des Wohlwollens und damit der positiven sozialen Gefühle, der Sehnsucht nach Verbundenheit. Dann können Angst und Hass überwunden werden. Auf Fremde zugehen, so dass sie einzelne Menschen werden mit einem Schicksal und einem eigenen Leben. Dann kann das Fremde zu einer Quelle der Bereicherung und einer Herausforderung zur Entwicklung werden.

Mit Hass, Angst und Mut werden wir uns auseinandersetzen müssen, aber eigentlich geht es darum, dass wir wieder einmal unser Zusammenleben neu erfinden und dafür gute Vorstellungen entwickeln.

Anhang

Anmerkungen

Vorwort der Herausgeberin

1 Kast, Verena: Konflikte anders sehen. Die eigenen Lebensthemen entdecken. Neuausgabe. Patmos, Ostfildern 2020, S. 13.
2 Vgl. dies.: Schöpferisch leben. Patmos, Ostfildern 2016, S. 8.
3 Vgl. z.B. dies.: Freude, Inspiration, Hoffnung. 6. Aufl. Patmos, Ostfildern 2013; dies.: Immer wieder neu beginnen. Die kreative Kraft von Hoffnung und Zuversicht. Neuausgabe. Patmos, Ostfildern 2020; dies.: Trauern. Phasen und Chancen des psychischen Prozesses. Erweiterte Neuausgabe. 5. Aufl. Kreuz, Freiburg im Breisgau 2020; dies.: Über sich hinauswachsen. Neid und Eifersucht als Chancen für die persönliche Entwicklung. Überarbeitete Neuausgabe. 3. Aufl. Patmos, Ostfildern 2021; dies.: Vom Sinn des Ärgers. Anreiz zu Selbstbehauptung und Selbstentfaltung. Neuausgabe. Herder, Freiburg im Breisgau 2014; dies.: Vom Sinn der Angst. Wie Ängste sich festsetzen und wie sie sich verwandeln lassen. Neuausgabe. 8. Aufl. Herder, Freiburg im Breisgau 2021; dies.: Wider Angst und Hass. Das Fremde als Herausforderung zur Entwicklung. Patmos, Ostfildern 2022; dies.: Zugang zur Lebendigkeit. Interesse und Langeweile als schöpferische Kräfte. Neuausgabe. Patmos, Ostfildern 2021.
4 Dies.: Trauern.
5 Dies.: Mehr Zeit für die Seele. Der Weg zur Lebendigkeit. Neuausgabe. Patmos, Ostfildern 2022, S. 23.
6 Jung, C. G.: Die Psychologie der Übertragung. In: GW 16, § 445.
7 Kast, Verena: Die Dynamik der Symbole. Grundlagen der Jung'schen Psychotherapie. 4. Aufl. der Neuausgabe. Patmos, Ostfildern 2023, S. 141.
8 Vgl. dies.: Vertrauen braucht Mut. Was Zusammenhalt gibt. 2. Aufl. Patmos, Ostfildern 2022.
9 Vgl. dies.: Wider Angst und Hass.

10 Riedel, Ingrid: Verena Kast – eine schöpferische Frau und ihr Werk. Ein einleitender Essay von Ingrid Riedel. In: Kast, Verena: Mit Leidenschaft für ein gelingendes Leben. Ein Lesebuch. Zusammengestellt von Hildegunde Wöller. Mit einem einleitenden Essay von Ingrid Riedel. Zum 65. Geburtstag von Verena Kast. Kreuz, Stuttgart 2008, S. 26.

1. Bezogen auf ein Du

11 Vgl. Kast, Verena: Paare. Wie Beziehungsphantasien unsere Liebe prägen. Neuausgabe. Patmos, Ostfildern 2019.
12 Vgl. dies.: Der Schatten in uns. Die subversive Lebenskraft. Neuausgabe. Patmos, Ostfildern 2021.
13 Buber, Martin: Ich und Du. In: Das dialogische Prinzip. 4. Aufl. Schneider, Heidelberg 1979, S. 15.
14 Vgl. Kast: Paare.
15 Buber: Das dialogische Prinzip, S. 37.
16 Ebd., S. 37.
17 Ebd.
18 Vgl. Kast: Paare, S. 15.
19 In der Neurowissenschaft hat man dafür eine neurobiologische Grundlage gefunden, die sogenannten Spiegelneuronen. Darüber finden immer noch Diskussionen statt. Sie sind nicht unumstritten. Vgl. Iacoboni, Marco: Woher wir wissen, was andere denken und fühlen. Die neue Wissenschaft der Spiegelneuronen. DVA, München 2008.
20 Vgl. Hüther, Gerald: Biologie der Angst. Wie aus Stress Gefühle werden. Vandenhoek & Ruprecht, Göttingen 1997, S. 52f.

2. Was die Liebe prägt: Beziehungsphantasien

21 Vgl. Leisi, Ernst: Paar und Sprache. Linguistische Aspekte der Zweierbeziehung. Quelle und Meyer, Heidelberg 1978.
22 Bloch, Ernst: Das Prinzip Hoffnung. Suhrkamp, Frankfurt am Main 1959, S. 378.
23 Binswanger, Ludwig: Grundformen und Erkenntnis menschlichen Daseins. 3. Aufl. Reinhardt, München/Basel 1962.

3. Identität entsteht in Beziehungen

24 Kant, Immanuel: Was ist Aufklärung? (1784). In: UTOPIE kreativ, H. 159, Januar 2004, S. 5.

25 Ehrenberg, Alain: Das erschöpfte Selbst. Depression und Gesellschaft in der Gegenwart. Suhrkamp, Frankfurt am Main 2008, S. 304.

26 Brockhaus-Enzyklopädie. In vierundzwanzig Bänden. Bd. 10: Herr – Is. 19., völlig neubearb. Aufl. Brockhaus, Mannheim 1989, S. 373.

27 Keupp, Heiner: Riskante Chancen. Das Subjekt zwischen Psychokultur und Selbstorganisation. Asanger, Heidelberg 1988.

28 Beck, Ulrich: Risikogesellschaft. Auf dem Weg in eine andere Moderne. Suhrkamp, Frankfurt am Main 1986.

29 Thoits, Peggy: Multiple identities and psychological well-being. In: American Sociological Review 51, 1986, S. 259–272.

30 Sherman, Cindy / Dickhoff, Wilfried: Sherman Cindy im Gespräch mit Wilfried Dickhoff. Kiepenheuer & Witsch, Köln 1995.

31 Stern, Daniel N.: Die Lebenserfahrung des Säuglings. 2. Aufl. Klett-Cotta, Stuttgart 1992.

32 Panksepp, Jaak / Biven, Lucy: The Archaeology of Mind. Neuroevolutionary Origins of Human Emotions. Norton, New York 2012.

33 Frisch, Max: Tagebuch 1946–1949. Suhrkamp, Frankfurt am Main 1950, S. 33.

34 Ders.: Andorra. Stück in zwölf Bildern. 76. Aufl. Suhrkamp, Frankfurt am Main 2015, S. 86.

4. Komplexe sind Beziehungsmuster

35 Jung, C. G.: Allgemeines zur Komplextheorie. In: GW 8, § 210.

36 Vgl. ebd.

37 Vgl. ebd., § 200.

38 Ebd., § 211.

39 Ebd., § 210.

40 Ebd., § 202.

41 Ebd., § 203.

42 Ders.: Die transzendente Funktion. In: GW 8, §§ 131–193.

43 Ebd., § 166.

44 Ders.: Die Probleme der modernen Psychotherapie. In: GW 16, § 125.

45 Ebd.

46 Ders.: Psychologische Typologie (1928). In: GW 6, § 926.

47 Ebd.

48 Vgl. Kast, Verena: Komplextheorie gestern und heute. Empirische Forschung in der Jungschen Psychologie. In: Analytische Psychologie, 29, 1998, S. 296–316; dies.: Die Dynamik der Symbole.

49 Vgl. Stern: Die Lebenserfahrung des Säuglings, S. 143ff.

50 Vgl. Tulving, Endel: Episodic and semantic memory. In: Endel Tulving / Wayne Donaldson (Hg.): Organization of Memory. Academic Press, New York 1992, S. 381–403.

51 Stern: Lebenserfahrung des Säuglings, S. 142.

52 Vgl. Jung, C. G.: Über die Psychologie der Dementia Praecox: Ein Versuch. Kapitel 2: Der gefühlsbetonte Komplex und seine allgemeinen Wirkungen auf die Psyche. In: GW 3, § 79f.

53 Vgl. Kast, Verena: Vater-Töchter, Mutter-Söhne. Wege zur eigenen Identität aus Vater- und Mutterkomplexen. 6. Aufl. der Neuausgabe. Kreuz, Freiburg im Breisgau 2020.

54 Vgl. Stern: Lebenserfahrung des Säuglings, S. 380.

55 Vgl. ebd., S. 364.

56 Vgl. ebd., S. 363.

57 Vgl. Kast: Die Dynamik der Symbole, S. 196ff.

58 Vgl. dies.: Vom Sinn des Ärgers.

59 Vgl. dies.: Abschied von der Opferrolle. Das eigene Leben leben. Neuausgabe. Herder, Freiburg im Breisgau 2019.

5. Individuation: Selbstwerdung in Beziehung

60 Vgl. Jung, C. G.: Zur Empirie des Individuationsprozesses. In: GW 9/I, § 530.

61 Ders.: Die Psychologie der Übertragung. In: GW 16, § 445.

62 Ebd., § 454.

63 Ders.: Die Psychotherapie in der Gegenwart. In: GW 16, § 227.

64 Vgl. ders.: Die Psychologie der Übertragung. In: GW 16, § 400.

65 Vgl. ders.: Die alchemistische Deutung des Fisches. In: GW 9/II, Kap. XI, § 257.

66 Vgl. ders.: Die transzendente Funktion. In: GW 8, § 159.

67 Vgl. ders.: Die Konjunktion. In: GW 14/II, Kap. VI, § 414.

68 Vgl. ders.: Zur Psychologie des Kindarchetypus. In: GW 9/I, § 291.

69 Vgl. Kast: Paare.

70 Vgl. Jung, C. G.: Definitionen. In: GW 6, Kap. XI, § 815.

71 Vgl. ders.: Die Psychologie der Übertragung. In: GW 16, § 416.
72 Ders.: Briefe III: 1956–1961. Hg. von Aniela Jaffé, in Zusammenarbeit mit Gerhard Adler. Sonderausgabe. Edition C.G. Jung im Patmos Verlag, Ostfildern 2012, S. 24.
73 Ders.: Definitionen. In: GW 6, Kap. XI, § 814.
74 Ders.: Die Konjunktion. In: GW 14/II, Kap. VI, § 414.
75 Vgl. ders.: Die Beziehungen zwischen dem Ich und dem Unbewussten. Kap. 8: Die Mana-Persönlichkeit. In: GW 7, § 399.
76 Ders.: Der Fisch in der Alchemie. In: GW 9/II, Kap. X, § 203, Anm. 37.
77 Ders.: Die alchemistische Deutung des Fisches. In: GW 9/II, Kap. XI, § 257.
78 Ders.: Die Beziehungen zwischen dem Ich und dem Unbewussten. In: GW 7, § 404.
79 Ders.: Die alchemistische Deutung des Fisches. In: GW 9/II, Kap. XI, § 257.
80 Ders.: Die Psychologie der Übertragung. In: GW 16, § 502f.
81 Ders.: Die Konjunktion. In: GW 14/II, Kap. VI, § 433.
82 Vgl. ebd.
83 Vgl. ders.: Definitionen. In: GW 6, Kap. XI, § 815.
84 Ders.: Die Psychologie der Übertragung. In: GW 16, § 448.
85 Ebd., § 445.
86 Vgl. Evers, Tilman: Mythos und Emanzipation. Eine kritische Annäherung an C.G. Jung. Junius, Hamburg 1987.
87 Koch, Karl: Der Baumtest. Der Baumzeichenversuch als psychodiagnostisches Hilfsmittel. 8. Aufl. Huber, Bern 1986.

6. Die therapeutische Beziehung

88 Jung, C.G.: Das Wandlungssymbol in der Messe. In: GW 11, §§ 399f.
89 Vgl. Kast, Verena: Wenn wir uns versöhnen. Kreuz, Stuttgart 2005.
90 Jung, C.G.: Ziele der Psychotherapie. In: GW 16, § 99.
91 Ders.: Über die Beziehungen der Analytischen Psychologie zum dichterischen Kunstwerk. In: GW 15, §115.
92 Vgl. ders.: Zarathustra-Seminar Bd. 7. Multigraphierte Nachschrift, unpubliziert. 10 Bde. 1938ff., S. 62.
93 Auf den folgenden Seiten wird die Unterscheidung zwischen männlichem und weiblichem Analytiker bzw. Analysanden

unterlassen, da durch die sprachliche Kompliziertheit der Gedankengang verunklart wird.

94 Vgl. Jung: Die Psychologie der Übertragung. In: GW 16, § 437.

95 Vgl. auch: Jacoby, Mario: Psychotherapeuten sind auch Menschen. Übertragung und menschliche Beziehung in der Jungschen Praxis. Walter, Olten / Freiburg im Breisgau 1987.

96 Im Originaltext wird dies am zweiten von insgesamt drei Fallbeispielen aufgezeigt. Aus Platzgründen kann in diesem Band nur das erste der drei Beispiele abgedruckt werden (Anm. d. Hg.).

97 Im Originaltext wird an dieser Stelle auf drei Beispiele verwiesen (Anm. d. Hg.).

98 Dieser Text erschien erstmals 1990 (Anm. d. Hg.).

99 Vgl. Kast, Verena: Traumbild Auto. Vom alltäglichen Unterwegssein. Walter, Olten 1987; hier habe ich diesen Traum eingehend interpretiert.

7. Der Schatten im Zusammenleben

100 Jung, C. G.: Symbole der Wandlung. Analyse des Vorspiels zu einer Schizophrenie (1952). GW 5. (Teil 1 ursprünglich erschienen 1911 und Teil 2 1912 im Jahrbuch für psychoanalytische und psychopathologische Forschungen III bzw. IV unter dem Titel »Wandlungen und Symbole der Libido. Beiträge zu einer Entwicklungsgeschichte des Denkens«.)

101 Ders.: Die Probleme der modernen Psychotherapie. In: GW 16, § 145.

102 Ebd.

103 Vgl. Kast, Verena: Der Schatten in uns. Die subversive Lebenskraft. 5. Aufl. der Neuausgabe. Patmos, Ostfildern 2022.

104 Vgl. Jung, C. G.: Theoretische Überlegungen zum Wesen des Psychischen. In: GW 8, § 409.

105 Jacobi, Jolande: Die Seelenmaske. Einblicke in die Psychologie des Alltags. Walter, Olten/ Freiburg im Breisgau 1971.

106 Jung, C. G.: Über Wiedergeburt. In: GW 9/I, § 221.

107 Sherman/Dickhoff: Cindy Sherman im Gespräch mit Wilfried Dickhoff.

108 Jacoby, Mario: Scham-Angst und Selbstwertgefühl. Ihre Bedeutung in der Psychotherapie. Walter, Olten 1991.

109 Vgl. Kast: Freude; dies.: Vom Sinn des Ärgers; dies.: Vom Sinn der Angst.
110 Vgl. Kruse, Otto: Emotionsentwicklung und Neurosenentstehung. Perspektiven einer klinischen Entwicklungspsychologie. Enke, Stuttgart 1991, S. 148.
111 Die Idee von Jolande Jacobi, die Persona bilde sich erst in der Pubertät, ist meines Erachtens nicht haltbar. Vgl. Jacobi: Die Seelenmaske.
112 Vgl. Kast: Vater-Töchter, Mutter-Söhne.
113 Vgl. Blomeyer, Rudolf: Aspekte der Persona. In: Analytische Psychologie 5.1, 1974.
114 Jung: Die Psychologie der Übertragung. In: GW 16, § 452.
115 Heidegger, Martin: Sein und Zeit (1927). Max Niemeyer, Tübingen 1963, § 27.
116 Jung, C. G.: Nach der Katastrophe. In: GW 10, § 408.
117 Vgl. ebd., § 405.
118 Ebd., § 443.
119 Vgl. ders.: Die transzendente Funktion. In: GW 8, §§ 159ff.
120 Vgl. ders.: Der Kampf mit dem Schatten. In: GW 10, §§ 450ff.
121 Vgl. Kast: Die Dynamik der Symbole, S. 108ff.
122 Jung: Der Kampf mit dem Schatten. In: GW 10, § 450.
123 Vgl. ders.: Zur Psychologie der Tricksterfigur. In: GW 9/I, § 485.
124 Vgl. ders.: Über die Psychologie des Unbewußten. In: GW 7, § 103.
125 Kristeva, Julia: Fremde sind wir uns selbst. 11. Aufl. Suhrkamp, Frankfurt am Main 2013.
126 Vgl. Kast: Vater-Töchter, Mutter-Söhne.
127 Freud, Sigmund: Das Unheimliche (1919). In: Studienausgabe Bd. 4. S. Fischer, Frankfurt am Main 1997, S. 243ff.

8. Wege aus Angst und Hass

128 Vgl. Hartmann, Martin: Vertrauen. Die unsichtbare Macht. S. Fischer, Frankfurt am Main 2020, S. 30ff.
129 Vgl. Panksepp, Jaak/ Biven, Lucy: The Archaeology of Mind. Neuroevolutionary Origins of Human Emotions. Norton, New York 2012., S. 454.
130 Hole, Günter: Fanatismus. Der Drang zum Extrem und seine

psychologischen Wurzeln. Herder-Spektrum, Freiburg im Breisgau u. a. 1995, S. 39.

131 Fromm, Erich: Es geht um den Menschen! Eine Untersuchung der Tatsachen und Fiktionen in der Außenpolitik. In: GW 5: Politik und sozialistische Gesellschaftskritik. dtv, München 1989, § 23.

132 Ebd., § 24.

133 Ebd.

134 Ebd., § 25.

135 Ebd.

136 Ebd.

137 Hole: Fanatismus, S. 93.

138 Ebd.

139 Panksepp/Biven: The Archaeology of Mind, S. 435.

140 Vgl. Schaarschmidt, Theodor: Die Brandstifter aus dem Netz. In: Gehirn & Geist 5/2016, S. 30ff. http://www.spektrum.de/magazin/digitaler-hass-warum-vorurteile-online-wachsen/1401296 [Zugriff: 22.10.2022].

141 Benesch, Susan: Countering Dangerous Speech. New Ideas for Genocide Prevention. Working Paper. 11. Februar 2014, United States Holocaust Memorial Museum. https://papers.ssrn.com/sol3/papers.cfm?abstract_id=3686876 [Zugriff: 22.10.2022].

142 Vgl. ebd., S. 12.

143 Vgl. ebd., S. 25.

144 Vgl. Schaarschmidt: Die Brandstifter aus dem Netz., S. 35.

145 Vgl. Berger, Jonah / Milkman, Katherine L.: What makes online content viral? In: Journal of Marketing Research 49.2, 2011, S. 192–205.

146 Vgl. Lobe, Adrian: Mehr Freundlichkeit im Netz. In: St. Galler Tagblatt vom 29. Juli 2016.

147 Vgl. Winnicott, Donald W.: Aggression. Versagen der Umwelt und antisoziale Tendenz. Klett-Cotta, Stuttgart 1988, S. 176ff.

148 Vgl. Leiris, Antoine: Meinen Hass bekommt ihr nicht. Blanvalet, München 2016.

149 Vgl. Williams, Mary: The fear of death. In: Journal of Analytical Psychology 3, 1958, S. 157–165.

150 Ebel, Martin: Die Schwarzmaler. In: Tagesanzeiger vom 16. August 2016, S. 47.

151 Ebd.

Literatur

Beck, Ulrich: Risikogesellschaft. Auf dem Weg in eine andere Moderne. Suhrkamp, Frankfurt am Main 1986.

Benesch, Susan: Countering Dangerous Speech. New Ideas for Genocide Prevention. Working Paper. 11. Februar 2014, United States Holocaust Memorial Museum. https://papers.ssrn.com/sol3/papers.cfm?abstract_id=3686876 [Zugriff: 22.10.2022].

Berger, Jonah / Milkman, Katherine L.: What makes online content viral? In: Journal of Marketing Research 49.2, 2011, S. 192–205.

Binswanger, Ludwig: Grundformen und Erkenntnis menschlichen Daseins. 3. Aufl. Reinhardt, München/Basel 1962.

Bloch, Ernst: Das Prinzip Hoffnung. Suhrkamp, Frankfurt am Main 1959.

Blomeyer, Rudolf: Aspekte der Persona. In: Analytische Psychologie 5.1, 1974.

Brockhaus-Enzyklopädie. In vierundzwanzig Bänden. Bd. 10: Herr – Is. 19., völlig neubearb. Aufl. Brockhaus, Mannheim 1989.

Buber, Martin: Ich und Du. In: Das dialogische Prinzip. 4. Aufl. Schneider, Heidelberg 1979.

Ebel, Martin: Die Schwarzmaler. In: Tagesanzeiger vom 16. August 2016.

Ehrenberg, Alain: Das erschöpfte Selbst. Depression und Gesellschaft in der Gegenwart. Suhrkamp, Frankfurt am Main 2008.

Evers, Tilman: Mythos und Emanzipation. Eine kritische Annäherung an C. G. Jung. Junius, Hamburg 1987.

Freud, Sigmund: Das Unheimliche (1919). In: Studienausgabe Bd. 4. S. Fischer, Frankfurt am Main 1997.

Frisch, Max: Andorra. Stück in zwölf Bildern. 76. Aufl. Suhrkamp, Frankfurt am Main 2015.

Frisch, Max: Tagebuch 1946–1949. Suhrkamp, Frankfurt am Main 1950.

Fromm, Erich: Es geht um den Menschen! Eine Untersuchung der Tatsachen und Fiktionen in der Außenpolitik. In: GW 5: Politik und sozialistische Gesellschaftskritik. dtv, München 1989.

Hartmann, Martin: Vertrauen. Die unsichtbare Macht. S. Fischer, Frankfurt am Main 2020.

Heidegger, Martin: Sein und Zeit (1927). Max Niemeyer, Tübingen 1963.

Hole, Günter: Fanatismus. Der Drang zum Extrem und seine psychologischen Wurzeln. Herder-Spektrum, Freiburg im Breisgau u. a. 1995.

Hüther, Gerald: Biologie der Angst. Wie aus Stress Gefühle werden. Vandenhoek & Ruprecht, Göttingen 1997.

Iacoboni, Marco: Woher wir wissen, was andere denken und fühlen. Die neue Wissenschaft der Spiegelneuronen. DVA, München 2008.

Jacobi, Jolande: Die Seelenmaske. Einblicke in die Psychologie des Alltags. Walter, Olten / Freiburg im Breisgau 1971.

Jacoby, Mario: Psychotherapeuten sind auch Menschen. Übertragung und menschliche Beziehung in der Jungschen Praxis. Walter, Olten / Freiburg im Breisgau 1987.

Jacoby, Mario: Scham-Angst und Selbstwertgefühl. Ihre Bedeutung in der Psychotherapie. Walter, Olten 1991.

Jung, C. G.: Die alchemistische Deutung des Fisches. In: GW 9/II: Aion. Beiträge zur Symbolik des Selbst, Kap. XI, §§ 239–266.

Jung, C. G.: Allgemeines zur Komplextheorie. In: GW 8: Die Dynamik des Unbewußten, §§ 194–219.

Jung, C. G.: Briefe III: 1956–1961. Hg. von Aniela Jaffé, in Zusammenarbeit mit Gerhard Adler. Sonderausgabe. Edition C. G. Jung im Patmos Verlag, Ostfildern 2012.

Jung, C. G.: Die Beziehungen zwischen dem Ich und dem Unbewußten. Kapitel 8: Die Mana-Persönlichkeit. In: GW 7: Zwei Schriften über Analytische Psychologie, §§ 374–406.

Jung, C. G.: Definitionen. In: GW 6: Psychologische Typen, Kap. XI, §§ 672–844.

Jung, C. G.: Der Fisch in der Alchemie. In: GW 9/II: Aion. Beiträge zur Symbolik des Selbst, Kap. X, §§ 193–238.

Jung, C. G.: Gesammelte Werke. 20 Bde. Hg. von Marianne Niehus-Jung / Lena Hurwitz-Eisner/ Franz Riklin / Lilly Jung-Merker / Elisabeth Rüf / Leonie Zander. Sonderausgabe. Edition C. G. Jung im Patmos Verlag, Ostfildern 2011ff.

Jung, C. G.: Der Kampf mit dem Schatten. In: GW 10: Zivilisation im Übergang, §§ 444–457.

Jung, C. G.: Die Konjunktion. In: GW 14/II: Mysterium Coniunctionis, Kap. VI, §§ 320–444.

Jung, C. G.: Nach der Katastrophe. In: GW 10: Zivilisation im Übergang, §§ 400–443.

Jung, C. G.: Die Probleme der modernen Psychotherapie. In: GW 16: Praxis der Psychotherapie, §§ 114–174.

Jung, C. G.: Die Psychologie der Übertragung. In: GW 16: Praxis der Psychotherapie, §§ 353–539.

Jung, C. G.: Psychologische Typologie (1928). In: GW 6: Psychologische Typen, §§ 915–959.

Jung, C. G.: Die Psychotherapie in der Gegenwart. In: GW 16: Praxis der Psychotherapie, §§ 212–229.

Jung, C. G.: Symbole der Wandlung. Analyse des Vorspiels zu einer Schizophrenie. GW 5.

Jung, C. G.: Theoretische Überlegungen zum Wesen des Psychischen. In: GW 8: Die Dynamik des Unbewußten, §§ 343–442.

Jung, C. G.: Die transzendente Funktion. In: GW 8: Die Dynamik des Unbewußten, §§ 131–193.

Jung, C. G.: Über die Beziehungen der Analytischen Psychologie zum dichterischen Kunstwerk. In: GW 15: Über das Phänomen des Geistes in Kunst und Wissenschaft, §§ 97–132.

Jung, C. G.: Über die Psychologie der Dementia Praecox: Ein Versuch. Kapitel 2: Der gefühlsbetonte Komplex und seine allgemeinen Wirkungen auf die Psyche. In: GW 3: Psychogenese der Geisteskrankheiten, §§ 77–106.

Jung, C. G.: Über die Psychologie des Unbewußten. In: GW 7: Zwei Schriften über Analytische Psychologie, §§ 1–201.

Jung, C. G.: Über Widergeburt. In: GW 9/I: Die Archetypen und das kollektive Unbewußte, §§ 199–258.

Jung, C. G.: Das Wandlungssymbol in der Messe. In: Zur Psychologie westlicher und östlicher Religion. In: GW 11, §§ 296–448.

Jung, C. G.: Ziele der Psychotherapie. In: GW 16: Praxis der Psychotherapie, §§ 66–113.

Jung, C. G.: Zur Empirie des Individuationsprozesses. In: GW 9/I: Die Archetypen und das kollektive Unbewußte, §§ 525–626.

Jung, C. G.: Zur Psychologie des Kindarchetypus. In: GW 9/I: Die Archetypen und das kollektive Unbewußte, §§ 259–305.

Jung, C. G.: Zur Psychologie der Tricksterfigur. In: GW 9/I: Die Archetypen und das kollektive Unbewußte, §§ 456–488.

Kant, Immanuel: Was ist Aufklärung? (1784). In: UTOPIE kreativ, H. 159, Januar 2004.

Kast, Verena: Die Dynamik der Symbole. Grundlage der Jung'schen Psychotherapie. 4. Aufl. der Neuausgabe. Patmos, Ostfildern 2023.

Kast, Verena: Freude, Inspiration, Hoffnung. 6. Aufl. Patmos, Ostfildern 2013.

Kast, Verena: Immer wieder neu beginnen. Die kreative Kraft von Hoffnung und Zuversicht. Neuausgabe. Patmos, Ostfildern 2020.

Kast, Verena: Komplextheorie gestern und heute. Empirische Forschung in der Jungschen Psychologie. In: Analytische Psychologie 29, 1998, S. 296–316.

Kast, Verena: Konflikte anders sehen. Die eigenen Lebensthemen entdecken. Neuausgabe. Patmos, Ostfildern 2020.

Kast, Verena: Mehr Zeit für die Seele. Der Weg zur Lebendigkeit. Neuausgabe. Patmos, Ostfildern 2022.

Kast, Verena: Paare. Wie Beziehungsphantasien unsere Liebe prägen. Neuausgabe. Patmos, Ostfildern 2019.

Kast, Verena: Der Schatten in uns. Die subversive Lebenskraft. 5. Aufl. der Neuausgabe. Patmos, Ostfildern 2022.

Kast, Verena: Schöpferisch leben. Patmos, Ostfildern 2016.

Kast, Verena: Trauern. Phasen und Chancen des psychischen Prozesses. Erweiterte Neuausgabe. 5. Aufl. Kreuz, Freiburg im Breisgau 2020.

Kast, Verena: Traumbild Auto. Vom alltäglichen Unterwegssein. Walter, Olten 1987.

Kast, Verena: Über sich hinauswachsen. Neid und Eifersucht als Chancen für die persönliche Entwicklung. Überarbeitete Neuausgabe. 3. Aufl. Patmos, Ostfildern 2021.

Kast, Verena: Vater-Töchter, Mutter-Söhne. Wege zur eigenen Identität aus Vater- und Mutterkomplexen. 6. Aufl. der Neuausgabe. Kreuz, Freiburg im Breisgau 2020.

Kast, Verena: Vertrauen braucht Mut. Was Zusammenhalt gibt. 2. Aufl. Patmos, Ostfildern 2022.

Kast, Verena: Vom Sinn des Ärgers. Anreiz zu Selbstbehauptung und Selbstentfaltung. Neuausgabe. Herder, Freiburg im Breisgau 2014.

Kast, Verena: Vom Sinn der Angst. Wie Ängste sich festsetzen und wie sie sich verwandeln lassen. 8. Aufl. der Neuausgabe Herder-Spektrum, Freiburg im Breisgau 2021.

Kast, Verena: Wenn wir uns versöhnen. Kreuz, Stuttgart 2005.

Kast, Verena: Wider Angst und Hass. Das Fremde als Herausforderung zur Entwicklung. Patmos, Ostfildern 2022.

Kast, Verena: Zugang zur Lebendigkeit. Interesse und Langeweile als schöpferische Kräfte. Neuausgabe. Patmos, Ostfildern 2021.

Keupp, Heiner: Riskante Chancen. Das Subjekt zwischen Psychokultur und Selbstorganisation. Asanger, Heidelberg 1988.

Koch, Karl: Der Baumtest. Der Baumzeichenversuch als psychodiagnostisches Hilfsmittel. 8. Aufl. Huber, Bern 1986.

Kristeva, Julia: Fremde sind wir uns selbst. 11. Aufl. Suhrkamp, Frankfurt am Main 2013.

Kruse, Otto: Emotionsentwicklung und Neurosenentstehung. Perspektiven einer klinischen Entwicklungspsychologie. Enke, Stuttgart 1991.

Leiris, Antoine: Meinen Hass bekommt ihr nicht. Blanvalet, München 2016.

Leisi, Ernst: Paar und Sprache. Linguistische Aspekte der Zweierbeziehung. Quelle und Meyer, Heidelberg 1978.

Lobe, Adrian: Mehr Freundlichkeit im Netz. In: St. Galler Tagblatt vom 29. Juli 2016.

Panksepp, Jaak / Biven, Lucy: The Archaeology of Mind. Neuroevolutionary Origins of Human Emotions. Norton, New York 2012.

Riedel, Ingrid: Verena Kast – eine schöpferische Frau und ihr Werk. Ein einleitender Essay von Ingrid Riedel. In: Kast, Verena: Mit Leidenschaft für ein gelingendes Leben. Ein Lesebuch. Zusammengestellt von Hildegunde Wöller. Mit einem einleitenden Essay von Ingrid Riedel. Zum 65. Geburtstag von Verena Kast. Kreuz, Stuttgart 2008.

Schaarschmidt, Theodor: Die Brandstifter aus dem Netz. In: Gehirn & Geist 5/2016. http://www.spektrum.de/magazin/digitaler-hass-warum-vorurteile-online-wachsen/1401296 [Zugriff: 22.10.2022].

Sherman, Cindy/ Dickhoff, Wilfried: Cindy Sherman im Gespräch mit Wilfried Dickhoff. Kiepenheuer & Witsch, Köln 1995.

Stern, Daniel N.: Die Lebenserfahrung des Säuglings. 2. Aufl. Klett-Cotta, Stuttgart 1992.

Thoits, Peggy: Multiple identities and psychological well-being. In: American Sociological Review 51, 1986, S. 259–272.

Tulving, Endel: Episodic and semantic memory. In: Endel Tulving/ Wayne Donaldson (Hg.): Organization of Memory. Academic Press, New York 1992, S. 381–403.

Williams, Mary: The fear of death. In: Journal of Analytical Psychology 3, 1958, S. 157–165.

Winnicott, Donald W.: Aggression. Versagen der Umwelt und antisoziale Tendenz. Klett-Cotta, Stuttgart 1988.

Quellennachweis

1. Bezogen auf ein Du
(S. 10–24)
Aus: Verena Kast: Mehr Zeit für die Seele. Der Weg zur Lebendigkeit. Neuausgabe. Patmos, Ostfildern 2022, S. 23–31; Verena Kast: Vertrauen braucht Mut. Was Zusammenhalt gibt. 2. Aufl. Patmos, Ostfildern 2022, S. 57–60.

2. Was die Liebe prägt: Beziehungsphantasien
(S. 25–46)
Aus: Verena Kast: Paare. Wie Beziehungsphantasien unsere Liebe prägen. Neuausgabe. Patmos, Ostfildern 2019, S. 9; 11–23; 157–164.

3. Identität entsteht in Beziehungen
(S. 47–66)
Aus: Verena Kast: Immer wieder mit sich selber eins werden. Identität und Selbstwert entwickeln in einer komplexen Welt. 2. Aufl. Patmos, Ostfildern 2022, S. 8–21; 34–38; 55–62.

4. Komplexe sind Beziehungsmuster
(S. 67–84)
Aus: Verena Kast: Konflikte anders sehen. Die eigenen Lebensthemen entdecken. Neuausgabe. Patmos, Ostfildern 2020, S. 24–45.

5. Individuation: Selbstwerdung in Beziehung
(S. 85–100)
Aus: Verena Kast: Die Dynamik der Symbole. Grundlagen der Jung'schen Psychotherapie. 3. Aufl. der Neuausgabe. Patmos, Ostfildern 2020, S. 9–16; 133–136; 141–145.

6. Die therapeutische Beziehung
(S. 101–121)
Aus: Verena Kast: Träume. Die geheimnisvolle Sprache des Unbewussten. 9. Aufl. Patmos, Ostfildern 2021, S. 134–136; 139–140; Verena Kast: Die Dynamik der Symbole. Grundlagen der Jung'schen

Psychotherapie. 3. Aufl. der Neuausgabe. Patmos, Ostfildern 2020, S. 179–196.

7. Der Schatten im Zusammenleben
(S. 122–151)
Aus: Verena Kast: Die Tiefenpsychologie nach C. G. Jung. Eine praktische Orientierungshilfe. 7. Aufl. der Neuausgabe. Patmos, Ostfildern 2022, S. 52–56; Verena Kast: Der Schatten in uns. Die subversive Lebenskraft. 5. Aufl. der Neuausgabe. Patmos, Ostfildern 2022, S. 9–19; 39–48; 58–59; Verena Kast: Wider Angst und Hass. Das Fremde als Herausforderung zur Entwicklung. Patmos, Ostfildern 2017, S. 79–81.

8. Wege aus Angst und Hass
(S. 152–177)
Aus: Verena Kast: Vertrauen braucht Mut. Was Zusammenhalt gibt. 2. Aufl. Patmos, Ostfildern 2022, S. 82–86; Verena Kast: Wider Angst und Hass. Das Fremde als Herausforderung zur Entwicklung. Patmos, Ostfildern 2017, S. 105–115; S. 116–133.